Luiz Américo Camargo
PRODUZIDO POR RITA LOBO

direto ao pão

RECEITAS CASEIRAS PARA TODAS AS HORAS

Panelinha

senac

Dados Internacionais de Catalogação na Publicação (CIP)
(Jeane Passos de Souza – CRB 8ª/6189)

Camargo, Luiz Américo
    Direto ao pão: receitas caseiras para todas as horas / Luiz Américo
Camargo. – São Paulo : Editora Senac São Paulo; Editora Panelinha, 2019.

    Glossário.
    ISBN 978-85-396-2777-6 (impresso/2019)
    eISBN 978-85-396-2778-3 (ePub/2019)
    eISBN 978-85-396-2779-0 (PDF/2019)

    1. Pães (receitas e preparo) 2. Panificação : Culinária I. Título.

19-939t   CDD – 641.815
                                 BISAC CK009000

Índice para catálogo sistemático:
1. Pães (receitas e preparo)   641.815

Para Renata e Clara

Sumário

7	Apresentação
8	Introdução

Capítulo 1:
Teoria

12	O melhor pão caseiro possível
14	Os ingredientes
22	Sobre o fermento
26	O arsenal: utensílios e eletrodomésticos
30	Passo a passo do pão
41	Pão na panela (e suas variações)
43	Planejando as fornadas com fermento biológico
45	Monte o cronograma do seu jeito
48	Dúvidas frequentes
54	Glossário
56	Tabela de equivalências

Capítulo 2:
Pães de até 2 horas

60	Tempo hábil, tempo útil
64	Pão nosso
68	Conserva de berinjela
72	Eleja o seu pão e fique craque
74	Pão sueco
78	Ricota caseira
80	Pão estilo oriental no vapor (bao)
84	Barriga de porco assada
87	Não tem pão?
88	Pão rápido (soda bread)
90	Pão multigrãos sem glúten
93	A generosidade do padeiro
94	Pão de queijo
97	*Gougères* ou *choux au fromage*
100	Esfiha ao estilo de Baalbek

Capítulo 3:
Pães de até 4 horas

106	Braçal, manual, analógico
108	Pão francês
112	Rabanada
114	Pão sírio

117 Homus de beterraba

118 Pão de leite

122 Geleia de morango com cardamomo

124 Pão para sanduíche

127 Agenda de viagem

128 Broa à portuguesa

132 Baguete "da resistência"

136 Sardela

138 Pãozinho multigrãos

142 A era dourada

144 Pão integral

148 Farofa de pão com ovos

150 Pão de azeitonas

154 Pizza de Páscoa

158 Focaccia

162 Ciclos

164 Mignolata

168 Pão de hot-dog

171 Ketchup caseiro

172 Pão de hambúrguer

175 Hambúrguer caseiro

Capítulo 4:
Pães de 6 horas ou mais

178 Leia até o fim, por favor

180 Pão tipo ciabatta

184 Coca

187 Pizza feita em casa

188 Massa de pizza ao estilo napoletano

192 Molho de tomate para pizza

194 Pizza marguerita

198 O máximo do mínimo

200 Chocotone caseiro

206 Índices

214 Agradecimentos

215 Sobre o autor

APRESENTAÇÃO
Pão no seu tempo

Imagine só que maravilha ter pão francês quentinho todo dia no café da manhã. Ou uma broa perfumando o lanche da tarde. E que tal uma ciabatta para acompanhar os antepastos no happy hour? Pão feito em casa é bom demais, mas, para muita gente, só de ouvir falar em sovar a massa já dá um desânimo — seja por falta de tempo, de jeito ou por medo de errar. Pois o Luiz Américo está aí para derrubar de vez esses obstáculos. Principalmente, a questão do tempo.

A proposta deste livro é, justamente, encaixar o preparo de pães no seu dia a dia. E tem pão que fica pronto em menos de uma hora, tem pão que leva mais de seis. Mesmo nas preparações mais demoradas, você não fica preso. O Luiz não deixa. A massa precisa descansar 45 minutos? Você vai ver como esse tempo rende quando bem planejado. Sabe aquele livro que está há meses no criado-mudo? Dá para ler. Também dá para ver um episódio de série, passear com o cachorro... (E, no meu caso, arrumar coisas na casa, que adoro, mas nunca tenho tempo para isso.)

Se precisar de mais horas livres, Luiz ensina um recurso ótimo: é só fazer uma fermentação mais longa na geladeira. Você pode até deixar a massa a noite toda lá e assar de manhã. Ou se programar para aquecer o forno à tarde ou à noite — tem pão para tudo quanto é ocasião. Baguete, pão sírio, pãozinho chinês no vapor, além de pizza, focaccia e esfiha. Versão integral, pão cascudo? Tem também. Fora as receitas de acompanhamentos para essa turma toda.

Com exceção do pão de queijo, da gougère e do soda bread, todos os pães aqui são feitos com fermento biológico instantâneo, que já vem ativado, pronto para usar. Se você nunca fez pão na vida, vai ver que é mais simples do que imaginava — é técnica, não mágica (embora pareça magia ver farinha, sal e fermento se transformando num pãozinho dourado). Se você desistiu da panificação porque não dava conta de cuidar de um levain (o fermento natural), retome as fornadas com este livro. A equipe do Panelinha, que se envolveu no projeto desde a concepção, testou e fotografou (e comeu, claro!) cada uma dessas receitas. Posso garantir: além de gostosos, os pães caseiros vão ser infinitamente mais saudáveis do que as versões industrializadas, cheias de aditivos químicos — leia o rótulo, leia os ingredientes do rótulo!

Este é um livro de receitas de pão, mas que ensina também como se organizar melhor na vida. Com ele, você vai aprender uma habilidade essencial não só para a cozinha: o planejamento. E, de quebra, terá sempre à mão deliciosos pães fresquinhos.

Rita Lobo

INTRODUÇÃO
Tem um minutinho?

Eu sei, você está ansioso e mal pode esperar para fazer pão. Mas comece por aqui, é importante, será esclarecedor. E garanto que vai ajudar todo mundo a lidar melhor com um ingrediente-chave das preparações deste livro: o tempo.

Para a maioria, pão é fundamentalmente farinha (parece óbvio...). Para alguns artesãos mais tradicionalistas, ele começa pela água — pois é a partir dela que se constrói uma receita. Outros falariam no fermento. Citariam ainda a técnica, a temperatura de trabalho.

Concordo com todas as vertentes. Mas elaboro de um outro jeito.

Para mim, pão é tempo.

Não apenas porque as horas e os minutos são essenciais para o crescimento da massa e o desenvolvimento do sabor durante a fermentação. Nem porque é sempre necessário um prazo mínimo regulamentar para que, dentro do forno, o pão infle, asse, doure.

É que o pão depende do tempo que você se dispõe a dedicar a ele, com suas misturas, sovas, descansos, modelagens. Do lugar que ele pode ocupar dentro do seu dia. E da maneira como você organiza a sua vida.

Sei ainda que, diferentemente de temperaturas e pesos, o tempo envolvido na panificação não pressupõe medidas tão precisas: ele varia, deriva da observação do padeiro, do clima. E de uma sensibilidade para verificar o desenvolvimento da massa (uma percepção que é treinável, diga-se). Porém, vou, sim, apresentar margens de espera e estimativas de horas — sugeridas a partir de testes, de comparações, de certas condições. Porque, afinal de contas, o que as pessoas têm são as suas agendas, a sua programação diária, os seus minutos e horas. É a partir disso que elas se planejam.

Venho investindo longos períodos buscando fornadas cada vez mais caprichadas e cada vez mais diversas. E tenho reunido todos os argumentos possíveis para desmontar a justificativa mais comum de quem se interessa por pão, mas não faz: a famosa falta de tempo.

O que não quer dizer que vou ficar fiscalizando os seus atos nem pressionando para que, de repente, sua cozinha se transforme numa padaria e sua mesa esteja sempre coberta por uma eterna e sutil camada de farinha. Vou mostrar várias maneiras como você pode se organizar, conciliando trabalho, família, compromissos diversos e a produção do seu pãozinho caseiro. E sugerir como aplacar a ansiedade durante esperas e descansos. Montamos uma agenda juntos. Quero provar que o pão cabe na sua vida — e vai deixá-la muito melhor.

Quando falamos num processo longo de fermentação, daqueles que envolvem 6, 8, 10 horas, é preciso deixar muito claro: você não vai ficar todo esse período sob o domínio do pão. Vai ter de intervir apenas em certos instantes, com a atenção e a técnica adequadas. E poderá usar recursos simples (como a geladeira) para retardar ou reordenar certos passos. Você atua no momento adequado, os micro-organismos e o tempo cuidam do resto.

Não deu mesmo para se envolver com uma preparação mais demorada? Faça algo que seja viável. Ou deixe tudo planejado para o dia seguinte. Este livro traz uma coleção de receitas com tempos variados, em diversos estilos, com fermento biológico. Dedique o que for possível ao pão — e, quando estiver com menos pressa, aventure-se por fermentações mais alongadas. Só não deixe de assar suas fornadas, pois você vai se entreter, relaxar e comer muito melhor.

Faça pão. Dá tempo.

INTRODUÇÃO

CAPÍTULO 1

teoria

O melhor pão caseiro possível

Você pode ler o título acima de duas maneiras, pelo menos.

1. Com ênfase no "melhor": você vai conseguir o pão mais saboroso e nutritivo feito só com recursos domésticos.
2. Com ênfase no "possível": é um convite para você fazer o pão com o que tem à mão. O pão viável naquela hora.

De certa forma, é assim que acontece em minha casa. No geral, estou às voltas com testes e aulas, o que faz com que eu mantenha uma produção mais ou menos constante. Mas, tal como vocês, tenho um cotidiano corrido. Meus imprevistos. Meus apetites específicos. Meus instantes de preguiça. Esqueço de planejar alguma coisa. Sinto vontades de última hora. E, nesses casos, contar com um repertório de receitas para ocasiões, disposições e disponibilidades variadas é algo que me ajuda a quase sempre ter um bom pão à mesa.

E é isso que eu gostaria de compartilhar com vocês. Tendo mais ou menos tempo, mais ou menos experiência, o que quero é que as pessoas façam pão em casa. Pois ele será sempre melhor do que aqueles produtos sem graça e sem alma das gôndolas dos supermercados. Aqueles que praticamente nem fermentaram, que parecem não estragar nunca (não é esquisito?), que são quase neutros de sabor. Ou, no sentido contrário, que carregam demais no açúcar e em outros aditivos.

Por isso, uma das ideias-chave do livro é não brigar com a sua agenda. Quantas horas você tem? Qual o seu grau de animação? Qual a sua fome? Procure nos índices a opção adequada para o momento — as receitas podem ser escolhidas pelo tempo estimado de preparo. Ou ainda pelo tipo de pão e ocasião: tem sugestão para um lanche rápido, pães que, de tão ricos, valem por uma refeição e ainda receitas sob medida para sanduíches.

O mais empolgante foi ter feito uma verdadeira viagem por um repertório grande de receitas e poder contar tudo neste livro. Tanto com preparações que descobri mais recentemente, como com aquelas que eu conhecia de longa data — nos dois casos, testadas e reinterpretadas por mim e, depois, retestadas pela equipe do Panelinha. Quando falo em viagem, não estou exagerando. O arco cobre pizza, focaccia, esfiha. Pão de queijo e pão sem glúten (sim, também tem). Especialidades regionais, como a pizza de Páscoa (duvido que você conheça) e a coca. Pães "sem miolo", como o sírio e o sueco. Tenho certeza de que não sofreremos nem de fome nem de monotonia.

Assim, abuse do livro. Para contextos diversos. Como fazer um pão naquela tarde em que a família está mais para um repasto leve do que para um jantar: basta conferir os ingredientes à mão e escolher a preparação que mais apetece. Ou para se programar para um pão de longa fermentação, com direito a pausas, descansos na geladeira... Suje as páginas de farinha, sem dó.

Cada receita apresenta o tempo presumido total de preparação e o tempo aproximado para cada etapa. Desde a mistura inicial, passando por sova, primeira fermentação (quando a massa cresce e se desenvolve), modelagem, segunda fermentação (quando ela ganha volume, depois de modelada), forno. Você confere as informações e se aventura pela receita que for mais viável naquele instante.

Um exemplo.

Você está em casa, sem pão, chove. E a preguiça de sair é mais forte do que a preguiça de aprontar uma massa (que bom!). O que fazer? Pode olhar nos índices: há boas alternativas, como o pão sueco, com poucos minutos de forno.

Pão sueco

Tempo estimado de preparo: ENTRE 1H35 E 1H50

Organização do tempo

MISTURA E SOVA: 15 MINUTOS | **PRIMEIRA FERMENTAÇÃO:** 1 HORA (SEM INTERVENÇÕES, É TEMPO LIVRE) | **MODELAGEM FINAL:** 10 MINUTOS | **FORNO:** 12 A 15 MINUTOS

Vai passar o dia inteiro em casa, descansando? Ótimo, então pode se arriscar por uma sugestão mais demorada, com mais intervenções ou uma modelagem diferente. Como a mignolata, boa para um domingo tranquilo. Esse pãozinho siciliano leva um recheio de linguiça e cebola, que você pode preparar durante a primeira fermentação. Acompanhe:

Mignolata

Tempo estimado de preparo: CERCA DE 3 HORAS

Organização do tempo

MISTURA E SOVA: 10 MINUTOS | **PRIMEIRA FERMENTAÇÃO:** 1H30 (ENQUANTO ESPERA, PREPARE O RECHEIO) | **RECHEIO** 20 A 30 MINUTOS | **MODELAGEM:** 10 A 20 MINUTOS | **SEGUNDA FERMENTAÇÃO:** 30 MINUTOS | **FORNO:** 30 MINUTOS

São situações escolhidas ao acaso, só para ilustrar. Mas que acontecem na nossa rotina. Contudo, tendo mais tempo ou menos, planejamento e organização são essenciais. Seja para uma receita que levará mais de um dia, seja para o pão de queijo ou para o pão sem glúten, que levará menos de 1 hora. Incorpore o hábito de fazer a conta do tempo de trás para a frente. Pense nas perguntas centrais: quando deseja ter o pão pronto, em que momento do dia? E quanto tempo leva cada etapa da preparação? Recue, até ter uma ideia de quando precisa começar. Veremos várias simulações práticas algumas páginas à frente. Aposto que alguma delas vai funcionar direitinho para você. Pois a ideia não é encaixar o seu cotidiano no livro. Mas justamente o contrário.

Os ingredientes

Aqui estão reunidas informações que vão ajudar a escolher bem a farinha, a água, o sal e outros insumos. Os produtos que você usa não precisam ser os mais caros. Mas devem ser os melhores possíveis para a receita que você quer fazer.

Farinha de trigo

Pão é o produto da cocção da farinha de trigo, misturada com água, sal e fermentos (nota minha: ou não, pois existe pão ázimo, sem fermento). Essa é a definição de um pão, segundo a letra da lei. Mas nem precisamos evocar as autoridades de saúde pública para saber que a farinha é mesmo o coração da estrutura, do sabor. Um filão bem-feito começa — como acontece, aliás, em qualquer preparação de cozinha — pela escolha dos ingredientes, particularmente pela farinha mais adequada para a situação (e estamos nos referindo à farinha branca feita com o trigo tenero, ou mole, o *Triticum aestivum*).

Escolhi o termo *adequada* e não *ideal* porque as possibilidades são muitas. Nós, que fazemos pão caseiro, vamos buscar o que de melhor conseguirmos comprar — mas conforme nosso orçamento, conforme a disponibilidade local. Primeiro ponto: não deixe de fazer pão porque não encontrou certa marca, com determinadas características. Utilize o que for viável e, quando der, arrisque-se por outros insumos. E pense sempre que a matéria-prima precisa ser trabalhada com procedimentos que permitam que as fornadas sejam gratificantes. Para tanto, vamos entender um pouco melhor a essência de uma farinha.

Consumo bastante as tipo 1 distribuídas pelas principais marcas brasileiras. Dessas que encontramos nos supermercados. Consigo bons resultados em várias receitas, sabendo, entretanto, que existem limitações — podem dar muito certo com uma preparação e não ir tão bem com uma pizza de fermentação longa. O produto nacional tem evoluído, embora haja bastante a avançar (vamos chamar de nacional, ainda que o país importe quase a metade do que é consumido por aqui). A qualidade e a oferta subiram de nível. Hoje, encontramos inclusive bons produtos orgânicos, de moinhos menores, instalados especialmente na região Sul. Anos atrás, era difícil conseguir, no varejo, farinhas que fossem além do uso para bolos/biscoitos/tortas — normalmente, mais fracas, com baixo índice de proteína, que deixam a desejar na formação do glúten.

Mas o que é esse tão falado glúten, afinal? Trata-se de uma rede de proteína que dá o volume, a sustentação do pão. Para que ele se desenvolva, é preciso que a farinha se junte com a água. Depois, com o tempo, e com a manipulação da mistura, é que o glúten se forma. Ele retém os gases produzidos pela fermentação, infla (como se existissem incontáveis balõezinhos dentro da massa) e faz o pão se expandir.

Quanto mais forte a farinha, maior é a sua capacidade de absorver água e melhor é o seu desempenho no desenvolvimento da malha de glúten.

Em geral, as tipo 1 do mercado nacional, das marcas mais conhecidas, têm 10% de proteína e uma capacidade de absorção de água em torno de 60%. Isso possibilita uma absorção sem grandes problemas, uma massa fácil de manipular. Passando dos 60%, é necessário trabalhar melhor a massa, verificar o tempo de fermentação... Pode ficar ótimo, também. Mas o que quero explicar é que, para uma receita bem hidratada (70% ou mais de água), com fermentações bastante longas, ficaremos mais satisfeitos se optarmos por um produto mais apropriado para esse tipo de receita.

Comparando, digamos, com carne bovina, uma peça de músculo pode se tornar uma deliciosa carne de panela se cozida sem pressa. Mas não vai funcionar bem na churrasqueira. É uma questão, portanto, de saber que matéria-prima estamos utilizando e quais as suas potencialidades. De buscar informações sobre os insumos.

Eis uma verificação que você pode realizar em casa mesmo, para aferir a força da farinha. Junte uma quantidade do ingrediente com 60% do seu peso em água — por exemplo, 100 g de farinha para 60 g de água (ou 60 ml: cada 1 g corresponde a 1 ml de água). Mexa bem e espere alguns minutos. Se o obtido for uma papa muito úmida, mole, grudenta, podemos dizer que ela é fraca. Se ela se tornar uma massa com mais liga, pegando menos, podemos dizer que está mais para forte.

Farinhas nacionais

Tipo 1: é o produto da moagem do endosperma do grão de trigo, a parte mais branca, mais rica em amido e proteínas. Pela classificação brasileira, é a mais pura e de melhor qualidade (a tipo 2 é mais escura e misturada). E a farinha branca chamada reserva especial (ou premium ou seleção especial)? Em tese, vem da parte mais interna do grão, mais próxima do centro.

Integral: como o nome sugere, aqui entra o grão por inteiro: a casca, rica em fibras; o endosperma; e o gérmen, que é o embrião da planta e concentra muitas vitaminas e sais minerais. Sendo rigoroso, especialmente no aspecto nutricional, é preciso atenção na hora de comprar. Uma boa marca venderá o grão integralmente moído. Outras podem apenas misturar farelo e farinha branca. Ou ainda retirar o gérmen, o que aumentaria o tempo de validade da farinha, já que o gérmen oxida. Como lembra o padeiro e professor Rogério Shimura, observe sempre a data de validade da farinha integral: se for muito longa, é provável que ela não contenha o gérmen (que dura bem por cerca de 60 dias).

Farinhas francesas

T65 e T80: são as mais usadas para a panificação. E o número que as identifica revela a quantidade de cinzas (de cascas) produzida quando a farinha é queimada. Quanto mais alto o número, mais integral ela é (a 110 é a chamada 100% integral). Já a T45, mais branca e refinada, aparece principalmente no preparo de massas mais ricas em manteiga e em doçaria em geral — e costuma ser forte, sendo recomendada inclusive para panetone.

Farinhas italianas

00 e 0: a farinha de moagem mais fina é a 00, com menos cinzas e maior capacidade de hidratação. Originalmente produzida pensando em doçaria e pasta fresca, também é muito utilizada para pão e, principalmente, para pizza. Por ter sido mais moída, tende a ter um pouco menos de sais minerais e proteínas do que a 0 — que, por sua vez, é igualmente branca, mas um pouco menos fina. Na Itália, a 0 é a preferida para panificação, pela tendência a gerar um glúten com maior potencial de desenvolvimento.

Outros indicadores

Além das classificações citadas anteriormente, você pode se deparar com outros termos, encontrados mais ou menos explicitamente nas embalagens de farinha, principalmente de produtos importados.

O índice proteico mais alto (11% em diante) aponta a tendência a um bom desenvolvimento da malha de glúten. Já indicadores como o chamado W expressam a força da farinha — sua capacidade de absorver água, de ser expandida, de sustentar o processo fermentativo por determinado tempo.

Um W de até 170 aponta uma farinha mais fraca, mais recomendada para biscoitos e doces. Entre 180 e 260, a força é de média a alta, para pães variados. Acima de 270, a farinha é forte (com 350 ou mais, muito forte) e se presta muito bem para pães e pizzas com massas bem hidratadas, levedadas longamente. Farinhas especiais, como a Manitoba — variedade de trigo tenero oriunda da América do Norte —, com W de 390, podem absorver até 90% de água.

Há também o indicador P, que mostra a tenacidade da massa, sua resistência a ser deformada; e o L, que revela sua extensibilidade. A relação entre os dois (P/L) denota se a farinha é mais resistente (quanto ela "trava" ao ser puxada) ou mais extensível. Um P/L de 0,6, por exemplo, é considerado equilibrado — e apropriado para fermentações longas.

Outro tema é o branqueamento. O melhor é que a farinha branca ganhe seus tons clarinhos por um processo natural de oxidação, não pela ação de cloro e outros alvejantes, que inclusive prejudicam o teor proteico. Nos Estados Unidos, é obrigatório explicar se a farinha branca é *bleached* (alvejada quimicamente) ou *unbleached* (clareada naturalmente). Isso é rarissimamente informado nos produtos brasileiros — e está aí outro ponto em que as farinhas nacionais precisam de aprimoramento: informação e transparência.

É claro que, para fazer pão em casa, você não precisa se transformar num caçador de Ws, muito menos deve entrar em pânico diante de uma gôndola. Mas conhecer essas informações permitirá uma escolha mais satisfatória.

Truques para melhorar a farinha cotidiana?

PENEIRAR: apenas para oxigenar e estimular a formação da rede de glúten.

MISTURAR: se a nacional custa um preço bancável e a importada, cinco vezes mais, compre 1 kg de uma boa italiana, por exemplo, e misture, numa tigela bem grande, com 2 ou 3 kg de farinha brasileira. Já se percebe um ganho.

TEORIA

Resumindo: massas mais hidratadas, longas fermentações em geladeira? Sim, você consegue fazer com a farinha tipo 1 do supermercado ao lado. Mas o resultado ficará mais a contento com uma variedade mais forte. Experimente marcas, mas tenha também a sua farinha de confiança, aquela que você conhece melhor e com a qual vai executar a maioria dos pães.

Ah, sim. Fuja das opções que já vêm com fermento químico e com outros aditivos. Só use farinha que é "farinha" mesmo.

Outras farinhas e ingredientes que aparecerão nas próximas páginas

Centeio: uma das farinhas com mais sabor e aroma, de glúten pobre (por isso os pães 100% centeio "craquelam" na superfície), mas com grande riqueza nutricional. Muitos padeiros, na hora de refrescar o fermento natural, gostam de adicionar uma pequena parte de centeio, devido a seus componentes minerais, capazes de ajudar no vigor da fermentação.

Farinha de milho: o sabor e a cor não deixam dúvida quando o milho está presente, mesmo que não seja em grande proporção. Milho não tem glúten e, sendo assim, não traz grande volume ou elasticidade à massa. Porém, funciona otimamente combinado a outras farinhas, como na broa portuguesa.

Grãos e sementes variados: usar aveia, gergelim, quinoa, chia, linhaça, girassol e outros ingredientes dá sabor ao pão e o torna mais nutritivo. Como sua tendência é sempre roubar um pouco mais da água da receita, uma possibilidade é fazer o que em inglês se chama *soaker*, isto é, deixar os grãos de molho algumas horas na água para que, já hidratados, eles não interfiram na consistência da massa final. Outra possibilidade ainda, uma dica que aprendi com a padeira Papoula Ribeiro: tostar os grãos, para que os sabores fiquem acentuados (cuidado para não queimar!), e depois deixá-los de molho.

Goma xantana: é um polissacarídeo (tipo de carboidrato produzido a partir de açúcares simples) usado como espessante e emulsificante, que ajuda na liga de algumas receitas. Pode ser encontrada em lojas que vendem produtos naturais, insumos para nutricionistas e casas especializadas em farinhas.

Água

Água no pão é como o contrabaixo na música. Pouco se fala nela, mas sua presença é essencial: na fermentação, na diluição dos ingredientes, na estrutura, no glúten, como condutora de sabores, no desenvolvimento das enzimas. Não há pão sem água (nem venha com piadinhas do tipo "há, sim, se usar leite": leite é quase 90% água). Um pão bem hidratado tem leveza, maciez, tende a formar uma bela massa. Fora isso, diferentemente do que acontece com a farinha, não existe tanta complexidade na escolha do ingrediente, embora demande atenção.

Um ponto básico: evite água clorada. Lembre-se de que o cloro é um desinfetante, um bactericida, e pode enfraquecer o fermento, além de deixar um gosto ruim no pão — sem mencionar que ele não faz bem para nossa saúde.

Muitos sistemas de filtro doméstico conseguem reter boa parte do cloro, felizmente. Existem ainda outros recursos. Como bater a água vigorosamente e deixá-la num recipiente aberto por algumas horas, para que o cloro evapore. Ou aquecer a água até quase ferver, deixando também em repouso.

Na dúvida, claro que você sempre pode usar água mineral — algo comercialmente inviável para uma padaria, mas que não vai pesar muito para fazer pão em casa.

Mesmo com a mineral, existem aspectos a observar. Com relação ao pH — que indica se uma solução é ácida, neutra ou alcalina —, águas neutras (pH 7) ou levemente ácidas (pH 6) estão de bom tamanho.

Com gás, sem gás? A água com gás costuma ter acidez bem mais elevada, o que não é o que procuramos. Sobre o gás propriamente, ele tende a se dissipar no trabalho com a massa — a textura da água poderia levar a uma ideia de aeração do miolo, o que não é verdade.

Mas entenda isso como uma informação a mais. Sem paranoias com fichas técnicas das águas minerais, combinado?

Ah, sim. Procure trabalhar com água em torno dos 25 °C (e, no calor mais intenso, com água mais fria, bem fresca).

Sal

Sim, ele é realçador de sabor. Difícil ficar sem o nosso velho cloreto de sódio, pois pratos e pães insossos são coisas que entristecem. Ele é necessário para que o pão seja atraente ao paladar, especialmente quando usado na proporção clássica de 1,5% a 2% em relação ao peso em farinha. Mas o sal tem ainda grande importância na química do pão, pois ajuda na formação da rede de glúten e equilibra a fermentação.

Sobre esse ingrediente, minha recomendação é simples. Evite cair nos extremos: não precisa usar um produto caríssimo, mas evite também os mais ordinários.

Uma pergunta que sempre aparece: "Se a qualidade dos insumos tem peso no produto final, posso usar sal Maldon ou sal de Guérande no pão?". Não carece, não faz sentido, mesmo porque os sais citados são importantes pela textura, pela mordida. São ótimos para finalizar pratos, seja uma carne, seja uma salada. No caso do pão, nos interessa uma boa dissolução dentro da massa, o que influenciará inclusive no balanço hídrico da receita.

Já na ponta oposta, vamos evitar aqueles bem baratinhos, que têm gosto de aditivo químico, usados para deixar o produto mais branco e mais solto. Use um sal marinho, de uma marca confiável. Ou compre sal grosso e bata no liquidificador, até pulverizar. Se quiser gastar mais, há opções como o sal do Himalaia ou ainda o kosher, lembrando sempre que é preciso moê-los.

Gorduras, açúcar, ovos

"As receitas que você faz normalmente não levam ovos, gordura ou açúcar. Por quê? A gente aprendeu de modo diferente; as receitas lá de casa sempre tinham alguma coisa além da farinha." É uma das perguntas que mais me fazem, e explico que prefiro usar esses ingredientes quando fizer sentido, tanto do ponto de vista gustativo como do estrutural. Quando realmente tiverem uma função na receita, na característica do pão. Caso contrário, estaremos apenas adicionando calorias.

O costume de "enriquecer" o pão caseiro vem de uma necessidade de aportar mais sabor, já que as farinhas usadas, na média, eram pobres, e as fermentações, muito velozes. Com a melhor das intenções, a massa era reforçada por esses extras. Mas, creio, o melhor é entender o papel desses ingredientes.

Gorduras

Ajudam a reter umidade e deixam o pão mais macio. Por isso, o melhor é adicioná-las por último, depois de a farinha e a água terem se misturado. Caso contrário, a gordura pode dificultar a absorção da água pela farinha (basta observar uma superfície coberta por óleo: quando ela é molhada, não parece que as gotas d'água passam direto, como se a superfície tivesse sido isolada?). Em algumas receitas deste livro encontraremos azeite, ingrediente essencial para a focaccia, por exemplo. Mas também manteiga, parte indissociável do chocotone. E banha de porco (que você pode comprar em supermercados, empórios, açougues) para o pão de hambúrguer, para citar alguns casos. Fiz testes e escolhas a partir do sabor e pelo fato de serem boas gorduras. Margarina? Nem ia mencionar. Jamais.

Açúcar

Penso no ingrediente sempre que busco alguma doçura, falando pura e objetivamente. Ele não precisa ser adicionado ao fermento, que já encontra no amido da farinha o seu alimento. Mas pode, sim, ajudar na caramelização, na coloração do pão e na retenção da umidade. Assim, o açúcar (ou o mel) ajuda a compor o caráter do pão de leite. Porém, não há razão para utilizá-lo na maioria dos pães salgados, em especial os cascudos.

Ovos

Sua participação na massa é mais complexa. Ovos contêm água, proteínas, gorduras. Contribuem no sabor, na cor, mas também na densidade, na estrutura da massa. Se gemas aportam mais maciez, claras atuam mais no crescimento, no volume, na liga (são importantes, por exemplo, na receita do pão sem glúten). Em suma, para além do aspecto gustativo, ovos influenciam especialmente na textura de uma receita.

Fermento

A levedura que faz o pão crescer não poderia ficar fora da lista de ingredientes, é claro. É tão importante que vamos dedicar a esse ingrediente algumas páginas, um pouco mais à frente. Neste livro, vamos usar principalmente o fermento biológico.

Recapitulando

• *Escolha a farinha mais adequada para o tipo de pão que vai fazer. As farinhas de tipo 1 nacionais vão funcionar bem para a maioria das receitas. Mas para massas mais hidratadas, com longa fermentação — uma pizza, por exemplo —, o resultado será melhor com uma variedade mais forte, como uma 00 italiana.*

• *Teste caseiro para verificar a força da farinha: misture 100 g de farinha com 60 ml de água. A mistura ficou mole e grudenta? A farinha é fraca. Virou uma massa com mais liga, pegando menos? Está mais para forte.*

• *Peneirar a farinha ajuda a melhorar seu desempenho.*

• *Não use farinhas que já vêm com fermento ou outros aditivos.*

• *Evite água clorada. Para fazer o cloro evaporar, você pode bater a água vigorosamente ou aquecer até quase ferver, e depois deixá-la em repouso. Outra alternativa é usar água mineral.*

• *Trabalhe com a água em torno dos 25 °C. Em dias muito quentes, use água mais fria.*

• *Procure usar sal marinho, de uma marca confiável, sem aditivos químicos. Sal grosso pulverizado no liquidificador é uma boa opção.*

• *Acrescente gordura, açúcar ou ovos só quando esses ingredientes tiverem realmente uma função na característica do pão. O açúcar, por exemplo, faz sentido no pão de leite, mas não tem por que entrar em um pão salgado e cascudo.*

Sobre o fermento

Como acontece a fermentação de um pão? Por meio da ação de micro-organismos que se alimentam da mistura de farinha e água. Eles consomem os açúcares contidos no trigo e, em troca, produzem gás carbônico. No caso do fermento biológico, que é utilizado em quase todas as receitas deste livro, o micro-organismo em questão é a levedura *Saccharomyces cerevisiae*.

É sempre interessante lembrar que a *Saccharomyces* é uma das leveduras presentes também na fermentação natural. Não se trata de um ingrediente artificial. Como bem comenta o padeiro e pizzaiolo Raffaele Mostaccioli, de certa forma o fermento biológico acabou sendo punido pela linguagem, porque ele não deixa de ser um fermento natural — porém constituído a partir de uma única cepa.

Mas vejamos as diferenças essenciais entre a fermentação natural e a biológica.

A fermentação natural, vamos fantasiar, é uma celebração com muitos convidados. Diversos fungos e bactérias, vindos da complexa flora microscópica presente no ar e no trigo, atuam sobre a farinha, digerindo preguiçosamente o amido de modo a gerar não apenas os gases necessários para o crescimento do pão, mas também ácido acético e lático, que contribuem para a extração de seu sabor peculiar. E facilitando o desenvolvimento de enzimas, deixando as fornadas muito aromáticas, leves e com ótima digestibilidade. Já se fazia pão fermentado dessa forma há 6 mil anos (talvez antes, segundo novas pesquisas), no Oriente Médio. A criação desse tipo de fermento, e como usá-lo, é o tema central do meu primeiro livro, *Pão Nosso*.

O fermento biológico, por sua vez, é um baile com uma única turma, muito animada e vigorosa, formada pela *Saccharomyces cerevisiae*. Foi ela que, desde o início, melhor se prestou às finalidades industriais. O método biológico surgiu no século 19, tendo como base as pesquisas de cientistas como o francês Louis Pasteur, e conquistou espaço ao longo do século 20, pela possibilidade de se obter pão mais rapidamente.

Encontrado tanto fresco, em tabletes, como seco, em grânulos, o fermento biológico é altamente concentrado. Suas reações são rápidas. Cada grama de fermento seco, por exemplo, abriga em torno de 10 bilhões (pode variar, conforme o fabricante) de células de *Saccharomyces cerevisiae*. Em contato com os açúcares da farinha, ele começa a gerar o gás carbônico que fará o pão crescer — mas sem a produção de ácidos que caracteriza o método natural.

Sobre o uso do fresco ou do seco, trata-se do mesmo produto. O primeiro, no entanto, contém água e pesa mais. Nas receitas, considerando a quantidade em gramas, o fresco equivale ao triplo do seco (ou seja, um tablete de 15 g corresponde a 5 g do seco). Tenho uma preferência pessoal pelo seco (o tipo instantâneo, já ativado, pronto para usar), pela facilidade de manipulação, pela validade mais longa e pela praticidade para uso doméstico.

Em minha casa ou dando aulas, uso tanto o fermento natural como o biológico, em receitas diferentes. São métodos distintos, com complexidades e resultados igualmente distintos. Comparo o natural a um grande vinho, um tinto da Borgonha, um bom *château* de Bordeaux, que precisam do tempo para chegar ao ápice, que nos oferecem toda uma gama de surpresas e sutilezas. E o biológico, a um vinho branco fresco, jovem, digamos um Alvarinho português, para tomar no verão. Não podem ser, ambas, experiências diversas e maravilhosas, cada qual no seu estilo? Eu acredito que sim.

Um ponto fundamental: não exagerar na quantidade de fermento biológico. Pensemos sempre em, no máximo, 1% em relação ao peso em farinha (considerando o fermento seco). É daí para menos (em muitas receitas, você verá que é tão pouco que a balança nem registra). E pensemos também num tempo mínimo, para que se consiga uma fermentação bem realizada, com extração de sabor do trigo (e não resultando num pão com gosto e cheiro de... fermento biológico!).

Podemos também diminuir ainda mais a proporção de fermento e dar mais horas ao processo. Ou recorrer a métodos como os das massas pré-fermentadas. A biga (mais sólida) e a poolish (mais líquida), por exemplo, permitirão um desenvolvimento mais lento do sabor, mesmo com fermento biológico.

Suas fornadas domésticas com fermento biológico serão sempre melhores do que os pães de supermercado, com estabilizantes e conservantes artificiais, que duram uma eternidade nas gôndolas. Como aqueles fabricados pelo método Chorleywood, criado em 1961 para baratear a produção e viabilizá-la com o uso de farinhas de baixa qualidade: a massa é trabalhada mecanicamente de forma intensa e praticamente não fermenta, resultando, com a ajuda de uma série de aditivos, num pão super-rápido, fofinho e, obviamente, menos digerível.

A propósito, sempre que mencionam o glúten como vilão, de forma generalizada, levanto uma outra questão. Será que o pão, um alimento que está há milhares de anos na vida de muitas sociedades, que ajudou (pelo plantio do trigo) a organizar o modo de produção agrícola, que desde sempre faz parte do cotidiano de povos de ótima saúde, como italianos e franceses, é realmente um inimigo? Penso que não. E afirmo que quem cresceu comendo fast-food e bisnaguinhas fofinhas de pacote provavelmente não tem problemas com farinha de trigo, e sim com comida industrial ruim.

Quer pão francês de boa qualidade? Pode fazer, tem aqui. Sem produtos mágicos, sem insumos cujos nomes são cheios de números e siglas. Sem aquela lista de 30 ingredientes misteriosos, quando o correto deveria ser apenas farinha, água, fermento e sal, como diz o autor americano Michael Pollan. Quer escolher a carne e fazer seu hambúrguer? O pão para acompanhar, você também encontra aqui. Pão sueco, crocante, com sementes? Prepare em casa, pois dá.

O importante é que você comece. Tome gosto. Aprimore-se. Arrisque-se por preparações mais alongadas, por receitas com pré-fermentos, até chegar à fermentação natural. Rogério Shimura tem uma frase de que gosto bastante, sobre como a panificação apaixona e nos captura: "Caiu farinha no pé, dançou". Que as farinhas caiam, e você não pare mais de fazer o pão, em suas muitas possibilidades.

Recapitulando

- *O fermento biológico não deixa de ser um fermento natural, porém contém um único tipo de levedura, a Saccharomyces cerevisiae.*

- *Pode ser encontrado das seguintes formas no mercado: fresco, em tabletes, e seco instantâneo, em grânulos.*

- *Fresco ou seco, é a mesma levedura. Mas o primeiro contém água e, por isso, pesa mais e equivale ao triplo do seco. Um tablete de 15 g corresponde a 5 g do seco.*

- *Não exagere na quantidade de fermento biológico: no máximo, 1% em relação ao peso em farinha (considerando o fermento seco).*

- *Respeite os tempos mínimos de fermentação, caso contrário o pão pode ficar com gosto de fermento.*

- *Você pode optar por usar menos fermento e aumentar o tempo de fermentação.*

- *Para um desenvolvimento ainda mais lento — o que contribui para o sabor final do pão —, as massas pré-fermentadas, como a poolish, são um bom recurso (leia mais na p. 44).*

TEORIA

O arsenal: utensílios e eletrodomésticos

Você tem fogão e geladeira, assadeiras, facas, tigelas, uma balancinha? Então, já dá para fazer pão. Mas vai conseguir facilitar processos e melhorar os resultados com alguns complementos. Faço aqui uma analogia com o próprio pão: queremos a simplicidade, mas também buscamos a excelência. Invista num conjunto básico de utensílios e não deixe de fazer suas fornadas porque falta um ou outro item. Sempre dá para usar a criatividade e improvisar. Com tempo, aos poucos, você completa o seu arsenal.

Pesagem, mistura, descansos

1. Balança digital: precisão nas quantidades é fundamental. Todas as receitas deste livro têm equivalência aproximada em xícaras e colheres, mas vale a pena investir numa balança digital, dessas com capacidade para até 5 kg e graduação de 1 em 1 g. Há opções com preço bem acessível e você vai usar o tempo todo.

2. Potes com tampa: de tamanho médio a grande, de plástico, para guardar massas de descanso mais longo (como a de ciabatta ou pizza).

3. Peneira: simples e básica, para peneirar a farinha, para polvilhar sobre a bancada e dentro do *banneton* (cesto para massa).

4. Espátulas de silicone: para misturar; em especial, do tipo pão-duro.

5. Espátulas de padeiro: meia-lua, de plástico ou madeira, para desgrudar a massa; de metal, para cortar, porcionar e manipular a massa.

6. Tigelas: as grandes, de inox, vidro ou porcelana, serão para misturar a massa (pense num tamanho de pelo menos 4 litros). E outras, menores, para ajudar a porcionar os ingredientes.

7. Xícaras e colheres medidoras-padrão: mesmo tendo balança, nós as usaremos bastante para medir volumes. No caso dos ingredientes secos, coloque-os no medidor, sem peneirar nem apertar, e nivele com uma faca.

8. Relógio ou timer: já que vamos falar muito de tempo, escolha seu sistema de medir horas e minutos. Se tiver alarme, é ainda melhor (sim, pode ser o do celular, desde que você não preste mais atenção nele do que no pão).

9. Panos limpos, filme, sacos plásticos de cozinha: cobrir a massa, para não ressecar, é imprescindível. Nos dias úmidos, os panos resolvem. Mas, se o clima estiver muito seco, filme e sacos plásticos são mais eficientes.

Fermentar e modelar

10. *Banneton:* o cesto para acomodar a massa depois da modelagem não apenas segura a forma dos pães, mas também ajuda a massa a respirar e a perder umidade excessiva. E, sim, é um objeto de desejo, por deixar belas marcas no pão. É importante polvilhar bem com farinha, para que não grude (um misto de farinha de trigo e farinha de arroz ajuda ainda mais), idealmente usando uma peneira, para que a farinha se distribua bem e a massa solte mais fácil na hora de assar. Na ausência dos cestos, improvise. Uma tigela de inox, coberta com pano limpo e polvilhado com farinha; um escorredor de macarrão, também coberto com pano e farinha; uma fôrma mais comprida, igualmente coberta...

Geladeira: soa até elementar, e certamente todo mundo tem. Ela será grande aliada nos descansos, nas fermentações, para que, a 5 ºC ou 6 ºC, a massa se desenvolva, mature, sem passar do ponto. Enfim, uma ferramenta-chave no nosso planejamento das fornadas. Para quem tem adega de vinhos, lanço a ideia: uma segunda fermentação a 14 ºC, ou por volta disso, também fica interessante.

Finalizar e assar

11. Garrafa com borrifador: de plástico, para jardinagem, já está ótimo. Esse é o meio mais simples de criar uma nuvem de vapor ao colocar o pão no forno. Dê várias borrifadas para que a nuvem se espalhe pelo forno e sobre a própria massa.

12. Pedra para assar: pode ser uma placa cerâmica redonda, para fazer pizza caseira. É um utensílio que, no mínimo, quando aquecido desde a hora em que o forno é ligado, ajuda a concentrar e manter a alta temperatura interna. E, sim, fica bom assar pão e pizza sobre ela. Quando houver oportunidade, consiga uma pá para forno de pizza, que ajuda a levar o filão ou o disco diretamente para o forno — e sempre a enfarinhe muito bem, para a massa não grudar e deslizar melhor.

13. Folhas de silicone/papel para assar: não queremos que, depois de todo o nosso empenho, os pães grudem na assadeira, certo? Na falta de fôrmas antiaderentes, há produtos de preços variados, e o papel próprio para assar, também chamado de antiaderente, é o mais acessível (sobre papel-manteiga, cuidado: para não grudar, pincele com óleo). Também é útil para transportar o pão para a panela (leia na p. 42).

14. Facas para cortar pão: especialmente para os pães mais cascudos, facas com boa serra, lâmina longa, firmes de empunhar, garantem um corte mais preciso, sem destruir a crosta e sem exigir um esforço descomunal da sua parte.

15. Facas e lâminas: lâmina de padeiro, lâmina tipo gilete, bisturi, facas bem afiadas... O importante é ter utensílios que funcionem bem para uma incisão precisa, para caprichar na pestana – que é o corte do pão, que o deixa bonito e permite a saída do vapor na hora de assar.

16. Termômetro: é um instrumento barato e importante, lembra um relógio. Ele mostra a temperatura real do forno. Termômetros de cozinha, do tipo agulha, também podem ser interessantes para controlar os processos. Mas o de forno é o essencial.

17. Grades para resfriamento: para o pão esfriar por completo, tomando ar por todos os lados. Pode ser um descanso de mesa, a grade do fogão... sejamos inventivos.

18. Assadeiras: grandes, planas e retangulares, de 40 cm ou mais, para poder assar vários tipos de pães — desde que caibam no seu forno, meça sempre! Outras variantes serão úteis, como fôrma de bolo inglês, assadeiras redondas. Quando houver oportunidade, procure também as do tipo canaleta, próprias para baguete e pães compridos.

19. Luvas e protetores: vamos afastar os riscos de queimadura. Escolha luvas e protetores que suportem o calor do forno (que, no geral, será sempre acima dos 200 ºC).

20. Panelas para assar: gosto mais das de ferro fundido. Mas já usei de inox, de barro, cerâmica, vidro... É um bom investimento para garantir padrão e qualidade em casa. Melhor que sejam grandes, em torno dos 30 cm de diâmetro. Há uma seção toda dedicada ao assunto mais para a frente (p. 41).

Fogão: eu sei, é o óbvio do óbvio. Mas, tendo forno elétrico ou a gás, verifique se seu equipamento atinge altas temperaturas, se ele é estável, se está bem regulado...

Passo a passo do pão

A leitura desta seção vai fazer uma bela diferença na execução das suas fornadas. Ela é uma descrição das etapas de preparação de um pão e vale para muitas receitas. São dicas, explicações e informações para extrair o melhor de cada fase. E para aprender a lidar com dificuldades comuns na produção caseira.

Resumidamente, os passos de produção do seu pãozinho serão os seguintes:

Pesagem. Mistura, seguida por autólise (quando a massa apenas descansa, para a farinha absorver melhor a água e facilitar a manipulação). Sova e, por vezes, dobras, para ajudar na formação da rede de glúten (termo que você vai ler muito aqui), que dá volume ao pão. Primeira fermentação (quando a massa cresce e se desenvolve). Modelagem (e, em certos casos, uma pré-modelagem). Segunda fermentação (o pão cresce de novo, após ter sido modelado). Forno. Resfriamento.

Aguce o apetite, devore o "Passo a passo" e, na sequência, explore as "Dúvidas frequentes" e o "Glossário". Eles foram escritos como se eu quisesse adivinhar as perguntas que surgirão antes mesmo de você afundar as mãos na farinha. Este, definitivamente, não é um livro de mesinha do café. Ele vai adorar ser parte integrante da sua bancada de trabalho.

Pesagem

Corro o risco de ser óbvio, mas prefiro redundar a não abordar o assunto: medir os ingredientes não é preciosismo. É para obter padrão, é para conseguir aprimorar as receitas a cada execução. Use balança, sempre. Quando comecei a fazer pão, muitos anos atrás, balanças digitais eram caras, grandes e complicadas de encontrar. Agora, são baratíssimas, leves e fáceis de achar, em lojas físicas e virtuais. Se estiver sem ela, recorra a xícaras e colheres-padrão, de marcas confiáveis, e use-as do jeito que a Rita Lobo ensina: nivelando, aplainando excessos.

As receitas aqui estão em gramas, para os sólidos, e em mililitros, para os líquidos. No caso da água, entretanto, vale uma observação: se quiser ser bem preciso, o melhor é pesá-la. Assim, você evita erros na medição por causa de um desnível na mesa, por exemplo. Para essa conversão, não precisa nem fazer conta: 1 ml equivale a 1 g de água.

Fazer pão a olho, como as nossas avós faziam no passado, pode ser um interessante exercício de sensibilidade. Mas, para treinar e aprimorar os pães, invista numa balança (e em bons medidores, padronizados, para os líquidos).

Fora isso, organize seus ingredientes previamente. Monte sua *mise-en-place*, como dizem os cozinheiros. Tudo já calculado e facilitando as etapas que vêm a seguir. O que passa por ler a receita toda, do começo ao fim, e tomar as providências para prepará-la.

Por fim, farinha sempre peneirada (não para reter algo, só para aerar), o que ajuda a oxigenar a massa e a desenvolver o glúten.

Mistura e autólise

Vamos misturar a farinha e a água na tigela. E esperar: a autólise é um descanso. Queremos que os dois ingredientes estejam unidos. Mexa com capricho, mas sem exageros. Até que ponto? Basta não deixar farinha solta. Isso feito, esperamos 30 minutos (a partir de 20 minutos, já vale).

Nessa meia horinha, temos a primeira absorção da água pela farinha e o início da formação de uma massa. A pausa vai ajudar na criação da rede de glúten e facilitar a etapa seguinte, que é a sova. E você pode aproveitar para rever a receita, se planejar ou até passar um café.

A rigor, segundo o desenvolvedor do método, o padeiro e professor francês Raymond Calvel (1913-2005), a autólise se faz só com farinha e água, sem fermento nem sal. Quando recomendo a autólise, também proponho que o fermento entre num segundo momento, depois de concluído esse primeiro descanso. É para não iniciar um processo de levedação antes de ter uma massa bem trabalhada. Por outro lado, podemos dizer que autólises bem longas, de horas, já começam a entrar no campo de uma maturação de massa, um assunto que será explorado mais para a frente.

Em síntese, na maior parte das receitas aqui, misture água, farinhas, cubra, espere. E, para quem quiser, vale aquele truque de deixar o sal apenas por cima, sem agregar — mas já sobre a massa, para que não esqueçamos dele.

Sova

É hora de fazer um pouco de força, meter a mão na massa. Precisa mesmo sovar? Dá preguiça, dizem uns; dá tédio, falam outros. Mas a sova, que nem é tão complicada, tem suas razões de ser — como ter uma massa bem misturada, homogênea, com glúten bem desenvolvido. Precisa de muito esforço? Em alguns casos, só um pouco; em outros, um tanto mais.

Costumo traçar uma comparação, tendo o glúten como pano de fundo. Quando fazemos bolo, queremos massa fofa, com uma textura mais solta, certo? Por isso não sovamos bolos, para não desenvolverem glúten — a elasticidade, os alvéolos, não são parte de suas características. Isso porque o glúten, potencialmente, está presente na farinha de trigo, mas não de modo ativado. Já no caso dos pães, sim, queremos o glúten em ação, queremos alvéolos. Por isso, trabalhamos a massa com a sova.

Como fazer a sova, afinal, na prática? Com gestos como pegar uma ponta da massa (já formada na autólise), puxá-la para o centro e apertar, como se estivesse dando um soco nela (sim, com os punhos fechados). Ou puxando-a com mais disposição (um pedaço maior do que a ponta) e dobrando-a sobre ela mesma, comprimindo a massa com a "almofadinha" da mão.

Gosto ainda daquela sova que as avós italianas fazem para o macarrão fresco, ao estilo *di palmo e di polso,* que é o jeito de rolar a massa sob a palma das mãos e o pulso (movendo-se simultânea e paralelamente), dobrando e "invertendo" a massa periodicamente, para que ela seja trabalhada não apenas em uma direção. Funciona melhor com massas um pouco mais firmes, não hidratadas demais.

A sequência de "estica e puxa" na bancada também vale: você segura com uma das mãos e, com a almofadinha da outra, estica a massa para a frente e recolhe para trás, seguidamente. Proceda como se sentir melhor, mas evite enfiar os dedos na massa, rasgá-la ou atritá-la com as mãos. Vai demorar mais e tornar a mistura mais grudenta e pegajosa.

Sobre o ritmo da sova, uma dica: se estivéssemos trabalhando com uma masseira, bateríamos na velocidade mais baixa, por 5 a 10 minutos, num primeiro momento. Delicadamente, para que, graças à água e à ação mecânica, tenha início a associação das proteínas que constituem a rede de glúten. Depois, partiríamos para uma segunda fase, com um pouco mais de velocidade, para consolidar e alinhar a rede de glúten, deixando-a como, digamos, um tecido de tramas mais regulares. E podemos fazer isso com pausas, que serão importantes para a absorção da água e para um breve relaxamento da massa, que vai ganhando corpo.

A sova deve ter o tamanho da sua força e da sua habilidade motora. Não precisa lutar jiu-jítsu com a massa (só se você quiser, claro), embora ela aguente bem que você descarregue sobre ela as suas energias (as boas, de preferência). Certa vez, uma senhora me perguntou como ela sovaria seu pão, já que sofria de uma contusão crônica no ombro. Eu me lembrei então de uma dica do grande padeiro espanhol Ibán Yarza e respondi que o mais fácil talvez fosse usar a própria gravidade a seu favor. Como? Pega-se a massa por uma ponta, erguendo-a no ar, chacoalhando-a de leve, deixando que o próprio peso promova um esticamento. Depois, é baixar a massa na bancada, dobrá-la, apertá-la, levantar pela ponta, repetir os gestos. Por alguns minutos, sem força excessiva, sem impactos, com pausas.

Sovar também é um jeito de "secar" a massa, isto é, de melhorar a absorção da água pela própria manipulação; e de permitir, ao "girá-la", que toda a sua superfície, em algum momento, tome contato com o ar.

Lidar manualmente com a massa, como sempre digo, tem ainda um lado terapêutico — especialmente para quem trabalha em profissões estressantes e vive num mundo de abstrações. E nos ajuda a conhecer melhor as características da receita, os ingredientes, os pontos. Primeiro, depois da mistura inicial, podemos atestar que a massa ainda não tem liga, ela quase esfarela. Depois da autólise, isso já melhora bastante, ela estará menos quebradiça. Aí, na hora da sova, trabalhando de 5 a 10 minutos, percebemos a elasticidade crescente, a formação do glúten.

No caso dos pães de fermentação mais longa, o que queremos basicamente é uma sova bem encaminhada, um glúten já iniciado, mas que ninguém fique doido na busca do chamado ponto de véu. Já ouvir falar dele? No jargão da padaria, é um estágio de alto desenvolvimento do glúten, que pode ser demonstrado pegando um pedacinho da massa, abrindo e puxando com delicadeza: ela deve se esticar como uma membrana fina, sem rasgar. Você vai sovar, sovar, sovar até chegar a esse ponto? Não precisa. O tempo nos ajuda. Não só os minutos da autólise, mas os das pausas intermediárias na própria sova, que contribuem para a massa se formar. Depois, no fim da primeira fermentação, com o longo descanso e pela ação do processo fermentativo, é provável que já tenhamos uma massa com essas características. Faça o teste. Arranque uma bolinha da massa crescida (pouco antes de fazer a modelagem) e estique entre os dedos: verá que uma bela trama terá se formado.

Concluída a sova, sempre boleie a massa, como se você a estivesse esticando ou fazendo-a deslizar/girar na bancada. Para que fique bem lisa e para que esses movimentos finais deem uma organizada na rede de glúten. O ponto da massa? Veja nas "Dúvidas frequentes" (p. 48).

Dobras

Dobrar, na prática, significa puxar uma ponta da massa, lá do fundo, e trazê-la para o centro. Bastam quatro vezes, girando a tigela, "norte-sul-leste-oeste", digamos. Ou, mais literalmente, é erguer a massa, esticá-la e dobrá-la sobre si mesma, umas duas vezes.

Você pode fazer as dobras em qualquer preparação? Sim, embora elas sejam mais fáceis e necessárias com massas mais molhadas (com 70% de hidratação ou mais). Para entender melhor, vamos voltar a um dos personagens mais atuantes deste livro, a rede de glúten. Ela começa a se formar pela associação de duas proteínas contidas no trigo, a gliadina e a glutenina. E se unem a partir da atuação da água e da ação mecânica da sova.

Com massas menos hidratadas, sovamos um pouco mais, manipulamos mais para desenvolver a rede proteica, com a ajuda essencial da água. Com massas mais hidratadas, inverte-se a polaridade: a água ganha mais importância e sovamos menos (fazemos assim: apenas misturamos os ingredientes e deixamos a massa mais homogênea, usando esticadas e beliscadas). E praticamos as dobras, que ajudam a reforçar o glúten. Elas podem ser feitas em alternância com descansos de 20 ou 30 minutos, para que a massa relaxe, cresça... e assim desenvolva volume e boa estrutura interna.

Primeira fermentação

É quando acontece o que eu chamaria de festa silenciosa. Depois dos primeiros contatos entre a farinha, a água, o fermento e o sal, depois da manipulação da massa, as leveduras começam a se alimentar dos açúcares contidos na farinha. Produzem o gás que faz o pão crescer, estimulam a atividade enzimática, atuam na consolidação da rede de glúten (que, mal comparando, será "inflada" pelo gás carbônico e permitirá a expansão da massa). É um bocado de trabalho.

Nessa fase, a massa vai se modificando, extraindo o sabor do trigo, executando uma transformação que tornará o pão mais aromático e digestivo. Um fator determinante para que tudo corra bem é a temperatura, preferivelmente entre 25 ºC e 26 ºC — ou, na pior das hipóteses, abaixo dos 30 ºC. É sempre importante que a massa fique coberta, protegida, para não ressecar, não criar aquela pelezinha que vai prejudicar o melhor desenvolvimento do pão.

Pré-modelagem

É uma etapa de descanso, uma preparação para o pão ganhar sua forma definitiva. Em que casos pré-modelamos a massa?

Certamente, com pães de massas mais hidratadas, para que essa etapa funcione como um reforço extra para o glúten, como se fosse "uma dobra a mais", seguida por mais um descanso (é importante esse tempo de relaxamento, para que a massa não fique tensa).

Na hora de porcionar (dividir a massa em 2 ou mais pedaços), também pré-modelamos. Pois estamos partindo de uma quantidade maior, cortando-a, redimensionando sua estrutura.

Ou ao preparar pães com formatos que exijam um relaxamento maior. Um exemplo clássico é a baguete. Depois da primeira fermentação, podemos dividir a massa (digamos, de um total de 1 kg, para 4 peças de 250 g) e, para não estressá-la, fazer um molde intermediário — como uma pequena *bâtard* (alongada e oval), porém em modelagem mais solta, sem aplicar muita força. Depois de 15 minutos, então, é hora de expandir os pedaços pelo comprimento e modelar a baguete.

Convém tomar cuidado para que a massa esteja sobre uma superfície que não grude; e cubra sempre, para não ressecar.

Modelagem

A modelagem não é apenas o momento em que colocamos em prática a forma que queremos dar ao pão — redondo, *bâtard*, chato ou comprido. É também mais uma etapa de reforço do glúten, preparando a massa para mais um crescimento.

Frequentemente me questionam sobre a seguinte situação. Passada a primeira fermentação, a massa cresceu, está volumosa, lisinha, em formato de bola. Não pode ser levada diretamente ao forno? Poder, pode, porque tudo pode. Fica bom? Não. Pois não é exatamente o que queremos. Dá para ficar muito melhor.

Na modelagem, exercitamos aquela ideia nem sempre fácil de apreender: é preciso ser rápido, sem ser apressado. Manipular a massa com carinho, mas com objetividade (vamos tratá-la por você, não por senhora, ok?). Trabalhá-la sempre tendo em mente que modelagem não é sova.

Passado o primeiro crescimento, vamos moldar o pão de acordo com o que buscamos, ou de acordo com o que a receita pede (pode ter havido um porcionamento e uma pré-modelagem, por exemplo). Podemos aplainá-la, de leve, para abri-la um pouco mais e distribuir o gás que está por dentro. Mas não precisa exagerar: você não está fazendo pizza nem focaccia, não fique apertando, apertando...

Para a *bâtard*, oval, podemos enrolá-la como um rocambole, bem ajustado, selando com a almofada das mãos a cada rolagem da massa; ou pegar a massa pelos lados opostos e juntá-los no centro, tomando cuidado para fechar bem a costura. Feito esse fechamento, é importante virar a massa, com a costura para baixo, e bolear — como se você estivesse esticando a superfície da massa, alisando e repuxando-a de cima para baixo. Ou fazendo a massa deslizar/girar na bancada, para que fique bem lisa. O que pode ser realizado inclusive com o auxílio de uma espátula de corte (para massas mais moles e hidratadas, "golpear" a massa pelos lados é um jeito prático de bolear).

No caso de um pão tipo *boule*, redondo, vamos puxar a massa pelos extremos e unir essas hipotéticas pontas no centro, formando uma trouxinha. Beliscamos firme, para unir, fechar bem. Boleamos, para deixar bem esticadinha.

Essa tensão que aplicamos na massa ao bolear será importante por vários motivos. Para que haja uma reação contrária à força aplicada, e o pão cresça mais; para que a massa tenha estrutura para se manter, sem escorrer para os lados; para que, antes de assar, no momento de fazer o corte (a pestana), esse retesamento ajude o pão a abrir com mais força dentro do forno.

Concluído mais esse passo, a massa estará pronta para descansar no *banneton* (seja o cesto tradicional, seja um improvisado), que deve estar polvilhado com bastante farinha, para não grudar, ou em fôrmas variadas. Cobrir sempre, para não ressecar.

Segunda fermentação/ maturação

Na chamada segunda fermentação, quando colocamos as massas já modeladas para descansar, acontecem processos importantes que darão o volume, a forma e o caráter de nossos pães.

Depois de modelada, a massa ganha um pouco mais de tamanho, pois a atividade fermentativa continua, e o glúten se prepara para mais uma expansão (e ainda para o crescimento final, que será dentro do forno). Ele vai crescer, inflar.

Em temperatura ambiente, não podemos exagerar no tempo. Pois não queremos que a massa passe do ponto, perca força, desenvolva defeitos que, na hora de assar, vão se manifestar na forma de filões solados, com mais dificuldade de pegar cor. É preciso estar atento ao crescimento e a testes como pressionar a massa com o dedo (o "buraco", a marca, deve retornar calmamente, não deve subir rápido demais nem deve permanecer afundado).

Já nos 5 ºC a 6 ºC da geladeira, por outro lado, não apenas controlamos melhor a fermentação, como geramos as condições para uma maturação da massa, isto é, para que a atividade enzimática se desenvolva, quebrando açúcares e proteínas, extraindo mais sabor.

Se seus pães já ficarão muito bons com a segunda fermentação fora da geladeira, na margem de tempo prevista na receita, vão ganhar ainda mais sabor e digestibilidade com, digamos, um segundo descanso realizado da noite para o dia, no frio (sempre bem vedados, para não ressecar, e, claro, sempre de acordo com a característica da receita).

Como procedo em casa, quando faço a segunda fermentação na geladeira de uma receita como o pão integral, por exemplo? Eu modelo, coloco no *banneton*, fecho com um plástico. Espero de 20 a 30 minutos na temperatura ambiente, para que a massa comece a crescer com um pouco mais de vigor, e levo à geladeira. Retomo horas depois: tiro o cesto da geladeira e preaqueço o forno 40 minutos antes de assar. A massa crescerá um pouco mais, mas ainda ficará fria o suficiente para que facilite a pestana, o corte que será feito no momento de enfornar o filão (leia mais sobre a pestana nas "Dúvidas frequentes", na p. 48).

Forno

Assar na temperatura certa, do jeito certo, é o coroamento de tudo o que fizemos até aqui com nossos pãezinhos. E você depende diretamente do seu equipamento.

Forno ruim? Forno bom? Claro que há fornos com mais recursos do que outros. Mais fortes, mais estáveis, com mais funções especiais...

Mas existem tipos/modelos que sejam ruins na essência? Depende do ponto de vista. Eu diria que a pior coisa a respeito de um forno é não o conhecer bem, não saber de suas limitações verdadeiras.

Uso um fogão a gás doméstico, para meus pães, para testes de receitas, para a comida do cotidiano. No geral, ele me atende — embora não possa compará-lo, claro, com equipamentos profissionais mais precisos, potentes e completos. Mas fiz a opção de manter um eletrodoméstico comum, até para poder compreender as dúvidas dos leitores — e para conseguir propor receitas executáveis em situações simples.

Considerando que a grande maioria de nós, padeiros caseiros, dispõe somente de fogões básicos, eu resumo assim: se seu forno chega a 220 ºC, você já tem condições de fazer um pão com boa casca. Basta conseguir alguma estabilidade de temperatura e simular umidade/vapor.

E como se conhece melhor um forno? Com testes práticos e medições reais. Sabe aquela marcação externa, gravada pelo próprio fabricante, de 260 ºC, 240 ºC etc.? Não vale, é só uma norma industrial. Pois as instalações de gás variam, os sistemas têm diferenças. Para saber, é preciso ter um termômetro. Gosto daqueles de metal, que parecem um reloginho. Mas é possível fazer a medição, também, com aqueles a laser.

E, claro, é preciso ter atenção ao usar o forno, reparar se assa mais de um lado ou de outro, se ele perde calor demais ao abrir a porta, coisas assim.

Tendo consciência disso, você vai saber se seu equipamento tende a funcionar bem com um pão de massa bem hidratada, assado a 240 ºC, ou se vai servir mais para um chocotone, assado a 200 ºC. E poderá avaliar se é o caso de trocar de fogão. Ou se bastará chamar um técnico autorizado para uma revisão geral, identificando se o desempenho pode evoluir com regulagens, mudanças de peças ou mesmo alterando o sistema de gás. Assim, poderá ter clareza sobre o que de fato representam — em graus — o seu "fogo alto", o seu "médio" e o seu "baixo".

(Prometa para mim: você não vai mexer por conta própria no fogão ou na sua ligação de gás. Vai recorrer a um profissional capacitado. Ótimo. Agora, prometa de novo. Obrigado.)

Para ser sucinto, se puder extrair de seu equipamento uma temperatura alta e com alguma estabilidade, e conseguir simular vapor, você assará um pão muito bom.

O sistema de forno holandês, ou o chamado pão na panela, resolve muito bem os dois pontos. Tanto pela capacidade de absorver e reter calor, como pelo fato de aproveitar o vapor produzido a partir da água contida na própria massa. Nas próximas páginas, você vai descobrir em detalhes como funciona.

Retomando a manutenção da temperatura. Um ponto essencial é preaquecer o forno pacientemente, sempre. De 30 a 40 minutos, nos fornos a gás, e pelo menos 20 minutos nos elétricos, com o calor bem forte, sempre acima de 220 °C.

Outro truque simples e que sempre ajuda: manter uma pedra dentro do forno. Que seja uma peça refratária, daquelas para pizza caseira. Ela permite uma retenção melhor da temperatura, mesmo com o abre e fecha da porta na hora de assar o pão. Você obviamente pode assar os seus pães e pizzas diretamente sobre a pedra, o que também ajuda na cocção da parte inferior da massa.

Sobre o vapor, essencial para obter a tão desejada casquinha crocante, ele é estratégico logo na entrada do pão, no primeiro minuto, pelo menos. É o que basta. Os truques para produzir as gotículas são simples. Usar um borrifador de jardinagem com água assim que colocar a assadeira no forno, de modo que a umidade se espalhe tanto pelo espaço interno como também cubra de leve a massa. Ou colocar uma assadeira com água, para que, ao ferver, crie uma nuvem de umidade. Ou ainda deixar uma assadeira vazia (e não muito cara, porque ela vai acabar empenando...) no fundo do forno, esquentando: ao colocar a massa, basta jogar um copo de água na fôrma já quentíssima e fechar rápido a porta para conter o vapor criado.

No caso do forno elétrico, vale o mesmo critério. Teste, conheça o alcance, o mínimo e o máximo. E, para aqueles modelos com duas resistências (uma fonte de calor na parte de baixo, outra em cima), uma recomendação: preaqueça bem, na temperatura desejada; ao colocar o pão, diminua a potência na resistência superior, para que o pão não "seque" antes da hora, e a massa, permanecendo mais molinha, consiga se expandir; na segunda metade do tempo de cocção, inverta: reforce na parte de cima, diminua no piso, para que ele doure sem queimar por baixo.

Se a intenção for evoluir para uma produção com melhor acabamento, talvez seja a hora de pensar em equipamentos profissionais. Então, tente definir o que quer, tanto em estilo de pães como em quantidade. E pesquise, seja insistente, visite lojas, telefone para os departamentos técnicos dos fabricantes. Explique o que pretende e informe-se bem para chegar à escolha mais adequada.

Resfria-mento

Eu sei, pão quente é uma tentação, é um clichê de cozinha difícil de resistir. Ele está entranhado na cultura popular, até nas propagandas daquilo que não se deve passar no pão: margarina. Mas um resfriamento mínimo é sempre necessário. No caso de um pão produzido lentamente, com casca grossa, rico em sabores e aromas, cortá-lo fumegando é uma lástima.

Quando sai do forno, a crosta está se consolidando, e vai quebrar, trincar, no contato com a faca. O interior ainda está úmido, algo cremoso, e o miolo será desfigurado; e gases ainda estão sendo expelidos (sim, pode dar dor de barriga). Assustei você? Não era minha intenção, mas é preciso mesmo esperar a temperatura baixar. Não por acaso, o resfriamento é considerado uma das etapas de produção profissional de pão. Deixe o pão respirar, colocando-o sobre uma grelha ou superfície vazada, para não criar vapor. E espere pelo menos uma hora, no caso dos filões mais cascudos.

Agora, baguete, pãozinho francês, pão no vapor, com cascas mais finas, mais leves, a gente consegue comer quentinho, sem grandes dramas... Basta aguardar até que, no mínimo, você consiga segurá-lo. Morno, pelo menos, ok?

Recapitulando

• *Não deixe de pesar e medir os ingredientes: isso é essencial para ter um bom resultado e chegar a um padrão com as receitas.*

• *Sempre que a receita pedir, faça autólise, aquele descanso antes de sovar. Vai ajudar na formação do glúten e tornar mais fácil a manipulação.*

• *Não tenha preguiça de manipular a massa. No geral, com massas menos hidratadas, faremos a sova; com massas mais hidratadas, usaremos dobras.*

• *Durante a fermentação, coloque a massa num local com temperatura entre 25 °C e 26 °C ou, pelo menos, abaixo dos 30 °C. E sempre coberta, para não ressecar.*

• *Use a geladeira como um acessório a mais. Ela vai permitir, em várias receitas, que você organize melhor seu tempo, além de ajudar na maturação da massa.*

• *Conheça seu forno: compre um termômetro e descubra, de verdade, a que temperatura ele chega. Ele deve ser sempre preaquecido na temperatura alta (220 °C, no mínimo) por 30 a 40 minutos, se for a gás, ou 20 minutos, se for elétrico.*

• *A presença do vapor na hora de assar é fundamental para conseguir uma casquinha crocante. Um bom recurso é utilizar um borrifador de jardinagem assim que colocar a assadeira no forno.*

• *Deixe o pão esfriar sobre uma grade antes de cortá-lo, principalmente se for dos mais cascudos.*

Pão na panela (e suas variações)

Assar o pão na panela é um método dos mais eficazes para usar em casa. As vantagens do sistema são várias. Com ele, é possível compensar muitas das limitações de um forno comum. Recomendo principalmente para quem deseja fazer pães cascudos, em forma de *bâtard* (aquele filão mais ovalado) ou bola.

O método é conhecido como *dutch oven,* forno holandês. Em sua origem, o sistema fazia alusão às caçarolas de ferro com capacidade de vedação muito bem ajustada — e a Holanda, séculos atrás, virou referência na fabricação desse tipo de produto. Pensado inicialmente para cozidos feitos lentamente, o *dutch oven* se tornou alternativa para outras preparações. O pão, inclusive.

Dois pontos fortes do uso da panela:

Estabilidade de temperatura: depois que a panela absorve o calor máximo e o concentra, dá para atenuar as oscilações e imprecisões de um fogão doméstico, da mesma forma que o abre-e-fecha da porta do forno (quando sempre se perdem muitos graus) passa a interferir menos no resultado. Isso, claro, considerando que a temperatura do equipamento seja de pelo menos 220 ºC (preferivelmente, um pouco mais).

Umidade: fornos profissionais já preveem de fábrica a geração de vapor e o uso da umidade dentro do forno (o que é muito importante para a chamada gelatinização, produzindo casca crocante e contribuindo para que o filão ganhe belos tons dourados). Em casa, é mais difícil simular esse recurso, embora truques como um vaporizador ou assadeiras com água sejam boas dicas. No caso da panela, a própria água da massa, que evapora enquanto o pão assa, produz o efeito, com qualidade muito boa. Precisamos lembrar que a umidade é essencial, de fato, apenas nos primeiros momentos da cocção.

Gosto de usar a panela tampada durante a primeira metade do tempo de cozimento. E depois tirar a tampa, para que o pão fique mais dourado (grosso modo, num total de 40 minutos, seriam 20 minutos com a tampa, 20 sem ela). E, sempre importante: se os pegadores da panela (na tampa ou nas laterais) forem de plástico, o melhor é desparafusá-los antes de levar ao forno e vedar com um pedacinho de massa os buracos dos parafusos.

Panelas de ferro são produtos duráveis, confiáveis e, dependendo do modelo, caros. As francesas de ferro fundido, claro, são objetos de desejo. As famosas panelas mineiras também são cobiçadas. São bons investimentos. O que não significa, por outro lado, que resultados semelhantes não possam ser alcançados com outros materiais e formatos. Vasculhe o seu arsenal e, acima de tudo, tente esse método. Comece por aquilo que está à mão e, mais tarde, pense em futuros investimentos. Na página seguinte, listo algumas possibilidades.

TEORIA

Combo cooker : Um sistema de duas panelas com cabo (uma rasa, outra funda) que se encaixam. Nesse caso, a proposta é que a mais rasa vá por baixo, o que facilita na hora de cortar a pestana, com a massa já assentada sobre ela. E permite que o pão fique praticamente exposto quando se retira a parte superior (a panela funda).

Pedra de pizza e tigela de aço : O que uma coisa tem a ver com a outra? Vamos improvisar um "forno holandês" sobrepondo as duas peças. A pedra é aquele objeto refratário, em formato redondo. Gosto do seu uso mesmo quando não é para assar diretamente sobre ela: sua presença no forno quente, por si só, já ajuda a criar uma estabilidade de temperatura, pela grande capacidade de absorção. Mas, nesse caso, vamos colocá-la para esquentar por 40 minutos ou mais; depois, vamos colocar o pão sobre ela, usando como meio de "transporte" o papel para assar (também chamado de papel antiaderente) ou uma pá de pizzaiolo. Ou tirando a pedra do forno com cuidado e virando a massa diretamente do *banneton* (não esqueça de polvilhar sua superfície com um pouco de farinha) sobre ela, para depois retornar ao forno. Feito isso, vamos cobri-la imediatamente com uma tigela de aço inox e colocar para assar. A ideia é simular os efeitos da panela, aproveitando a água que evapora da massa (embora a vedação não seja das mais perfeitas). Remova a tigela na metade do tempo de cocção e lembre-se: ela precisa ser maior do que a massa (para não grudar nas laterais durante o crescimento) e menor do que a pedra (para que ambas, base e cobertura, fiquem bem encaixadas).

Panela de terracota : Tem grande capacidade de retenção de temperatura, e a distribuição de calor também é bastante equilibrada. Basta deixar aquecer com paciência por uns 40 minutos. É preciso verificar o tipo de acabamento e, em alguns casos, é melhor proteger com papel próprio para assar, para que não grude.

Panela de barro : Aposto que você tem uma dessas panelas redondas e que só usa de vez em quando, para fazer moqueca. Pois ela funciona, ainda que não tão bem quanto a de ferro. Muitas vezes, a vedação pode não ser das mais precisas, e pode haver uma diferença de cocção entre as laterais e a base do pão, mas o efeito acontece. O detalhe é aquecê-la dentro do forno (bem alto) por ao menos 40 minutos, pois ela demora a chegar à melhor temperatura. E ficar atento à parte de baixo da massa durante a cocção. Se começar a queimar, uma possibilidade é cobrir o fundo com papel próprio para assar para atenuar o problema.

Panela de aço inox : Também cumpre o papel, por acumular bastante calor (o que não acontece com as de alumínio, que aquecem e perdem calor muito rapidamente). Para não grudar, proteger o pão com papel próprio para assar é um caminho. Ou, depois de aquecê-la por 30 minutos, instantes antes de colocar a massa, pincele com óleo de sabor neutro ou use spray para untar (que, nas lojas de artigos para confeitaria, pode ser achado como spray desmoldante).

Panela de vidro : Primeiro, cheque se o material é do tipo refratário, para suportar temperatura alta. Dá para usar no mesmo esquema: aquecendo previamente, por 30 minutos, e tomando cuidado com a alta capacidade de absorver e conservar calor — no meio do processo, vale até baixar um pouco o fogo. É preciso tomar cuidado para que a massa não grude, pincelando com óleo ou borrifando com spray para untar.

Planejando as fornadas com fermento biológico

Em sua maior parte, as receitas do livro podem ficar prontas em até 4 horas. Algumas são rápidas: a produção sai em até 2 horas. Outras levam mais de 6. O planejamento, então, não só cai bem como se faz necessário. Mesmo no caso de preparações evidentemente mais simples (como o pão chinês no vapor, o pão nosso e o pão sírio), é sempre válido se organizar.

E lembre-se da geladeira. Use-a para o segundo descanso, em vários pães. Ela é sua parceira tanto para desacelerar a fermentação, de modo a encaixá-la em seus horários, como para melhorar a maturação da massa, antes de assar.

Exemplos, para que você ajuste ao seu dia a dia.

Quero servir ciabatta na noite de sábado

8H: PREPARE A POOLISH (MASSA PRÉ-FERMENTADA). EM 4 HORAS, ELA DEVE FICAR PRONTA. NÃO HAVERÁ PROBLEMA SE VOCÊ SÓ A USAR UM POUCO DEPOIS. VAI DEMORAR MAIS HORAS? FAÇA-A COM ÁGUA GELADA (CASO CONTRÁRIO, USE EM TEMPERATURA AMBIENTE).

16H: PEGUE A POOLISH JÁ CRESCIDA, MISTURE OS DEMAIS INGREDIENTES, FAÇA A MASSA, SOVE, DEIXE DESCANSAR. MAS FIQUE POR PERTO PARA 2 SESSÕES DE DOBRAS, NA PRIMEIRA HORA.

18H10: MODELE A CIABATTA, POSICIONE NA ASSADEIRA, DEIXE DESCANSAR. LIGUE O FORNO MEIA HORA DEPOIS.

19H10: ASSE A CIABATTA, ESPERE ESFRIAR E SIRVA.

Quero comer pão francês fresco no café da manhã

21H: PREPARE A MASSA, MISTURE, SOVE E DEIXE DESCANSAR.

22H15: FAÇA A PRÉ-MODELAGEM, DEIXE DESCANSAR POR 10 MINUTOS, MODELE.

22H30/22H40: COM OS PÃES JÁ MODELADOS E NA ASSADEIRA, CUBRA-OS COM PLÁSTICO (NÃO PRECISA GRUDAR, BASTA PROTEGER DO RESSECAMENTO). LEVE À GELADEIRA.

7H: TIRE A MASSA DA GELADEIRA E LIGUE O FORNO, NO FOGO ALTO.

7H30: ASSE OS PÃES FRANCESES, ESPERE UM POUCO E, OK, PODE COMER QUENTINHO.

Quero fazer baguete para o lanche de domingo (mas estarei fora na hora do almoço)

9H: COMECE A MASSA (MISTURA, AUTÓLISE, SOVA).

9H40: DEIXE DESCANSAR, MAS FIQUE POR PERTO PARA FAZER DOBRAS.

11H10: PORCIONE, FAÇA A PRÉ-MODELAGEM, DEIXE DESCANSAR.

11H40: MODELE NO FORMATO DE BAGUETE, POSICIONE NA ASSADEIRA, CUBRA COM UM PLÁSTICO, SEM GRUDAR, APENAS PARA PROTEGER DO RESSECAMENTO. LEVE À GELADEIRA.

18H: TIRE A BAGUETE DA GELADEIRA E LIGUE O FORNO.

18H30: ASSE EM FORNO ALTO; DEIXE ESFRIAR AO MENOS UM POUCO E PODE COMER.

Outras possibilidades para se organizar

Usando menos fermento biológico: sempre existe a possibilidade de colocar menos fermento e esperar um pouco mais de tempo na primeira fermentação. Não só por questão de conveniência de horário, mas mesmo de extração de sabor e desenvolvimento enzimático, gerando um pão mais gostoso e mais leve.

Minha sugestão? Escolha alguma das receitas (num exemplo aleatório, o pão integral), corte o fermento pela metade, dobre o tempo do primeiro descanso e analise o resultado.

E usar mais fermento biológico? Aí, eu não recomendo. As receitas deste livro têm, no máximo, 1% de fermento biológico em relação ao peso em farinha. É uma quantidade equilibrada para que tenhamos um bom desenvolvimento da massa. Uma proporção maior de fermento, obviamente, vai acelerar o processo — e funcionará quase como uma bomba de gás, com uma reação muito forte da *Saccharomyces cerevisiae* em contato com o amido do trigo. Você não vai gostar do sabor, que terá fortes traços de... fermento! Nem a sua digestão vai apreciar muito.

Preparando a poolish: massa mais líquida, com proporções iguais de farinha e água, a poolish leva pouquíssimo fermento (assim como a biga, outro tipo de pré-fermento, mas de consistência mais firme). Aqui no livro, ela aparece em receitas como a coca e a ciabatta.

Sua função é contribuir para uma melhor extração de sabor da farinha de trigo, mesmo pelo método biológico, e obter uma estrutura mais leve de massa. Na poolish, assim como na biga, nunca vai sal — ele entra apenas na massa final. Do mesmo modo como ela não deve ser sovada (tampouco a biga), para que não desenvolva glúten e, assim, não oxide devido à retenção de ar. Basta misturar bem a água em temperatura ambiente, a farinha, o fermento, e esperar.

A poolish das nossas receitas chega ao ponto a partir de 4 horas. Mas você pode usá-la depois. E, se precisar de mais tempo e for prosseguir com a receita do pão apenas muitas horas adiante (e puder prever isso), prepare a poolish com água gelada. A temperatura mais baixa vai tornar o desenvolvimento da esponja um pouco mais lento.

Monte o cronograma do seu jeito

Agora que já viu exemplos práticos, faça o seu plano de trabalho. Para facilitar, parta do horário em que deseja ter o pão concluído. Veja na receita de cada um o tempo presumido. E faça a conta voltando os passos, até conseguir estimar o momento de começar. Anote os horários reais, calcule as margens possíveis — e escreva a lápis, claro. Ou copie esta ficha e imprima sempre que necessário.

ETAPA		INÍCIO
PREPARO DE POOLISH OU ESPONJA, SE HOUVER:		.... H
MISTURA E AUTÓLISE:		.... H
SOVA:		.... H
PRIMEIRA FERMENTAÇÃO:		.... H
SE HOUVER DOBRAS:	PRIMEIRA	.... H
	SEGUNDA	.... H
	TERCEIRA	.... H
PRÉ-MODELAGEM, SE HOUVER:		.... H
MODELAGEM E SEGUNDA FERMENTAÇÃO:		.... H
(SE QUISER RETARDAR A FERMENTAÇÃO, AGUARDE 30 MINUTOS FORA DA GELADEIRA, MAIS .... HORAS NA GELADEIRA)		
PREAQUECIMENTO DO FORNO: TEMPERATURA ....^{o}C		.... H
(SE FOR USAR PANELA, COLOQUE-A DENTRO DO FORNO)		
ASSAR NO FORNO:		.... H
RESFRIAMENTO:		.... H

Dúvidas frequentes

Ao longo dos últimos anos, no contato direto com o público em aulas, eventos e pelas redes sociais, ouvi muitas perguntas sobre diversas etapas de preparação do pão. O que me obrigou a estudar mais, a pesquisar diferentes possibilidades — algo a que agradeço, sinceramente. Para facilitar a vida dos padeiros amadores, principalmente os iniciantes, fiz uma seleção das dúvidas mais frequentes. Vale a pena investigar a lista, porque ela contém, inclusive, muitas dicas que complementam as informações do passo a passo (p. 30) de preparação dos pães.

Qual o ponto da sova? E qual o ponto depois de modelado?

Costumo dizer que adoraria que, do mesmo modo como temos um termômetro para mostrar temperaturas, ou uma balança para checar pesos, tivéssemos um sovômetro, um aparelho que medisse objetivamente se o trabalho com a massa está bom ou não. Na ausência de algo do tipo, usamos os sentidos, aprendemos a reconhecer sinais. O que devemos observar quando trabalhamos a massa?

É muito provável, ao apertar, dobrar, esticar a massa durante 10 minutos, que ela já esteja com a rede de glúten encaminhada. Esse tempo de trabalho, na sova manual, já nos dá um bom resultado. Mas há alguns fatores que precisam ser considerados:

Pressão por igual: você apertou a massa num ponto, ela está molinha; pressionou em outro, ela parece dura, com nós internos? Então, vamos trabalhar um pouco mais, a manipulação ainda não foi satisfatória.

Exame visual: os ingredientes estão bem distribuídos? Ou parece haver um lado mais branquinho, outro cheio de farinha integral? Trabalhe mais, então. Aquela massa mais áspera, rugosa, foi se tornando lisa, homogênea, sutilmente brilhante? Isso é o que almejamos.

Exame tátil: o desejado é que ela esteja apenas levemente grudenta, quase nada. Que mostre boa elasticidade, por exemplo, ao ser sacudida com uma das mãos. Que, se modelada numa bola, se erguida, se transportada de uma das mãos para a outra, ela conserve seu formato, sem escorrer. Que, ainda em bola, se apertada por um dedo, ela volte, sem ficar um buraco.

No segundo descanso, depois de modelado, o pão vai ganhar volume, fermentar um pouco mais e, no caso de um processo mais alongado, vai ter também um desenvolvimento enzimático. As receitas do livro já trazem referências de tempo para essa etapa. Porém é mais interessante ainda reconhecer pela acuidade visual e pelo tato. O principal é: ao tocar a massa com o dedo, ela não pode afundar e o "buraco" permanecer. Isso significa que você esperou demais e ela passou do ponto, perdeu o gás que evitaria o afundamento. Se você toca e ela retorna muito velozmente, também não é ideal: a atividade está intensa dentro da massa, é preciso aguardar. O melhor é que a marca do seu dedo retorne sem ser instantaneamente, e nem precisa subir até não deixar nenhum vestígio do toque: a meio caminho, um pouco mais, está bom.

Para que fique claro, o risco de passar do ponto é maior em temperatura ambiente, quando o calor pode levar a um excesso de atividade fermentativa.

Minha massa está muito mole, difícil de trabalhar. No forno, ela escorre, achata. Por quê?

São sinais muito prováveis de temperatura de massa acima do indicado. O recomendável é que a massa complete sua primeira fermentação em torno dos 26 °C, o que vai possibilitar que, ao longo das horas, ela tenha um desenvolvimento equilibrado. Num dia quente demais, portanto, use água mais fria. Outro provável ponto é uma fermentação longa demais, fora da temperatura adequada. O excesso de horas, a ação do fermento por mais tempo do que o recomendado, tudo isso prejudica a sustentação da massa. Por fim, mais duas hipóteses para o pão que se espalha: uma farinha fraca demais e pouco proteica, com dificuldade em ganhar volume; e forno com temperatura baixa, prejudicando aquele salto inicial que ajuda na produção de um belo e alto filão.

Por que minha mão gruda tanto na massa?

Vocês lembram que mencionei a temperatura de trabalho da massa? O trabalho de mistura, de dobras e esticadas, claro, leva a um aquecimento. Se certas mãos são um pouco mais quentes, e tendem a ficar mais lambuzadas durante a sova (a famosa "massa que pega, cola"), basta fazer o seguinte: raspar o excesso que estiver grudado e lavar as mãos com água fria, simplesmente. Não precisa nem enxugar. Isso já deixa palmas e dedos mais frios, e você verá que essa etapa ficará mais fácil. De quebra, essas pausas para refrescar as mãos também funcionam como aquela paradinha estratégica que sempre ajuda na absorção da água pela farinha. Portanto, sem desculpas esfarrapadas, ok? Nada de "minha mão é quente, então parei de fazer pão".

Grudar não é um problema, mas um desconforto para algumas pessoas. Se for uma massa com hidratação de mediana para cima, mais ainda. No jeito de manipular, tente não afundar os dedos dentro dela. Trabalhe mais com a ponta dos dedos, com os punhos fechados e com a almofadinha da mão. Tente ainda não sufocar a massa, comprimindo-a com movimentos viciados, que não permitem que ela respire, gire ou seja trabalhada em vários pontos. É evidente que sempre haverá a possibilidade de sovar com uma batedeira. Contudo, esse contato direto com a massa nos ensina muito.

TEORIA

Como lidar com massas mais hidratadas?

Uma massa bastante úmida costuma assustar quem faz pão manualmente. Como mexer, como dobrar, como desenvolver o glúten? Pode ser mais simples do que se imagina, com os procedimentos certos. Estamos falando de massas com 70% de água em relação ao peso em farinha, ou mais.

Como já vimos aqui no livro, as boas farinhas de trigo (as melhores tipo 1 nacionais, digamos) costumam ter uma capacidade de absorção de 60%, em média (isso significa o seguinte, simplificadamente: tomando como base 100 g de farinha e somando até 60 g de água, a mistura fica relativamente fácil de manipular).

Indo bem além desse percentual, digamos a partir dos 70%, a sensação é que será difícil agregar, sovar, dobrar. Especialmente se o ingrediente principal parecer não dar conta da quantidade de água. Nesse caso, o uso de uma farinha mais forte (veja o tópico sobre farinhas na p. 14) pode nos permitir absorções acima dos 70%.

Fora a escolha da matéria-prima, podemos recorrer a outras técnicas, diferentes das aplicadas em massas mais secas. E, principalmente, praticar as chamadas dobras.

Trabalhar a massa é importante para homogeneizar a mistura de ingredientes; conseguir uma textura uniforme; e, sobretudo, formar a rede proteica de glúten, que dará estrutura e volume ao pão, além de propiciar um miolo com bons alvéolos. Uma massa bem hidratada, formada por uma farinha com índices adequados de proteína/força/capacidade de absorção e devidamente manipulada, tem tudo para nos legar um pão leve e aerado.

No caso de uma receita bem hidratada, a autólise (o descanso antes da sova, para que a farinha incorpore melhor a água) torna-se ainda mais determinante. O tempo? Pelo menos 20 minutos. Melhor ainda, 30. Para receitas hidratadíssimas, verá que podemos fazê-la em 1 hora ou mais — inclusive usando apenas água e farinha, introduzindo o fermento só depois.

Truques como peneirar a farinha, para oxigenar a mistura e ajudar a desenvolver o glúten, também são preciosos. E, na hora de trabalhar a massa, dentro da tigela, dobrá-la com as mãos (ou girá-la com a espátula de silicone, por exemplo) será mais eficaz — a água, afinal, fará parte do esforço da sova para nós. O que não impede que você belisque a massa, puxando-a das pontas para o centro, continuamente. Ou a afunde, com os punhos fechados, ágil, mas delicadamente.

Queremos que a mistura ganhe sustentação. A água, o tempo e a manipulação, aos poucos, vão permitindo a criação de uma liga, a formação de uma estrutura (a partir do glúten que se desenvolve). Mexa, lambuze-se, ao menos por 5 minutos.

É aí que entram as famosas dobras. Elas podem ser feitas durante o descanso para a primeira fermentação. Exemplo? A cada 20 ou 30 minutos, nos primeiros

60 ou 90 minutos da atividade fermentativa, totalizando 3 intervenções. A essência: puxe uma parte da massa, do fundo para cima, de modo a girá-la, dobrá-la sobre ela mesma. Rode a tigela e repita o movimento. Você pode fazer isso (com a mão levemente umedecida ou com uma espátula) por pelo menos 4 vezes a cada sessão de dobras.

Esses gestos contribuem decisivamente para o reforço da rede de glúten. Observe, a cada sessão, como a aparência da massa vai se transformando, adquirindo mais volume e mais tensão na superfície.

Errei as medidas. E agora?

Perdeu a conta de quanta farinha botou? Quanta água? Se houver dúvida sobre algum ingrediente, mantenha a calma. Primeiro, confira o peso total da receita escrita (a soma de todos os ingredientes). Faça as contas. Compare com o peso da massa que está fazendo e tente estimar a diferença (passando de uma tigela para outra, por exemplo, sobre a balança). Se for uma receita conhecida sua, tente chegar ao ponto mais familiar da massa, adicionando mais sólidos ou mais líquidos. O lado bom? Exercitar a capacidade de memória e de reconhecimento visual e tátil do ponto da massa. Se não for uma preparação já conhecida, observe a hidratação prevista na receita, as indicações sobre a textura, e tente achar o ponto. É uma mistura de razão e intuição.

Esqueceu de colocar o sal? Se estiver no começo da primeira fermentação, pode acrescentar e misturar, para que ele se incorpore de forma homogênea. Mais para a frente, fica um pouco mais complicado. Lembre-se de que o sal não serve apenas para realçar sabor, ele é importante na fermentação, na formação do glúten... Então, colocá-lo, por exemplo, só na hora de modelar, pode até deixar o pão menos insípido, ainda que não compense o fato de ele não ter participado das reações da formação da massa. Mas siga em frente, não descarte o pão por causa disso.

O melhor jeito de não se esquecer do sal é deixando-o porcionado, exatamente ao lado da tigela de trabalho. Ou o distribuindo por cima, sem misturar, daquele jeito que foi sugerido para o momento da autólise.

Agora, se colocou sal demais e seguiu assim até o fim, não há muito o que fazer: o pão vai crescer menos e ficar menos saboroso.

O pão não cresce. O que será?

A primeira checagem é o fermento. Estava bom, estava na validade? O glúten foi bem desenvolvido? Ou a massa, pouco elástica, sem muita liga, deixou o gás escapar? Errou e colocou muito sal? Deixou a massa ressecar durante os descansos?

Se o pão cresceu durante a fermentação, mas não cresce dentro do forno, reflita também sobre as seguintes situações: se a massa descansou demais depois de modelada, em temperatura ambiente; se a temperatura do forno está baixa demais.

Por que minha pestana não abre?

Pode estar ligado ao movimento, ao gesto: corte superficial demais e sem entrar na massa "em ângulo"; corte que mais afunda do que rompe, de fato; pode ser o uso de uma lâmina (ou faca) sem o fio adequado.

Dependendo do pão (os filões, os mais cascudos), pode ter a ver com uma modelagem solta demais. Dando o formato do pão, e deixando a superfície mais tensa, mais lisinha, a tendência é o pão abrir com mais força.

Pode ter sido excesso de tempo na segunda fermentação, em temperatura mais alta do que o indicado, fazendo com que a massa tenha passado do ponto. Ou o contrário: pão colocado no forno sem dar o devido tempo depois da modelagem. Ou ainda pode ter a ver com o desenvolvimento da fermentação, como um todo. Isto é, o pão cresceu pouco (devido, por exemplo, a fermento fraco).

Pode estar relacionado a forno fraco, abaixo de uma boa temperatura para assar, inviabilizando o "salto". Pode ter a ver com o ressecamento da massa (mal coberta) na segunda fermentação. Por fim, gerar vapor no forno sempre é bom. Mas vapor em exagero pode amolecer a massa em excesso e esfriá-la demais.

Como fazer a pestana? Posicione-se de frente para o pão. Uma das mãos segura a lâmina, a outra fica apoiada de leve sobre a massa. Movimento ágil, sem "serrar", sem afundar, lâmina em ângulo, para facilitar a abertura, corte entre 0,5 e 1 cm de profundidade (corte muito raso pode facilitar o rompimento das laterais, na hora do forno; corte muito fundo tende a achatar o pão, porque ele abre demais).

Meu pão não doura. Por quê?

Como estava a temperatura do forno? Como a receita pedia? Se for pão para ser cascudo, estava acima de 220 ºC, pelo menos? É bom checar tudo isso com o termômetro.

Mais um ponto crucial: você esqueceu de cobrir e ele ressecou? Aquela "pelezinha" que se forma atrapalha muito na hora de assar. Cubra sempre.

Outro aspecto é a umidade: um pão cascudo carece de vapor (com borrifador, assadeira com água etc.). O vapor no forno ajuda o pão a crescer melhor (torna a superfície menos resistente a se expandir); a gelatinizar o amido, formando a casca; a transformar os açúcares complexos em açúcares simples, que facilitam que o pão doure. Assar na panela pode ser um bom jeito de resolver.

Tempo excessivo na primeira fermentação ou mesmo no segundo descanso também pode dificultar que a massa pegue cor.

Existem diferenças entre forno caseiro a gás e elétrico?

Sim, há alguns pontos diferentes. Os elétricos tendem a ter mais precisão de estabilidade de temperatura, dependendo, claro, do equipamento. Muitos têm fonte de calor na parte de cima e na parte de baixo (o que precisa ser testado e observado, para ver se o pão queima, por exemplo, antes de estar cozido por dentro). O principal, contudo, é conhecer o potencial real de temperatura do forno. O que só se obtém usando um termômetro apropriado e fazendo medições.

Por que o pão não fica crocante o tempo todo?

Já imaginou se, um dia, descobrirmos um jeito de manter o pão sempre crocante e fresquinho? Só que não é assim que funciona. Existe o ressecamento natural, um processo que avança ao longo das horas. Mas não só ele: há, principalmente, a retrogradação do amido. Quando assamos o pão, obtemos — com o vapor, o calor intenso — a gelatinização do amido, que dá origem à casquinha que tanto apreciamos. Quando o pão esfria, o amido tende a voltar à sua rigidez original, e a ciência ainda não conseguiu uma resposta para a reversão do fenômeno. E talvez seja melhor que não encontre: sabe aqueles salgadinhos de pacote, cheios de sódio, saborizados artificialmente? Eles permanecem crocantes por meses e meses. É algo que intriga e preocupa.

O mais interessante, na minha opinião, é usufruir do pão naquilo que ele tem de melhor para um determinado momento. Fresco, ele é crocante. Frio, "amanhecido", ele vai revelando outras notas, outros tons. Toste na chapa ou na torradeira. No forno bem quente, com um pouco de vapor, você também consegue reavivar a crosta (um pouco, ao menos), reaquecendo o pão em alguns minutos.

Posso deixar a massa na geladeira antes de assar?

Pode, e deve, sempre que possível — dependendo da receita. Na temperatura do refrigerador, a 5 °C ou 6 °C, a atividade do fermento fica bem lenta, ajudando a massa a não passar do ponto. Mas usar a geladeira não é apenas um jeito de retardar a fermentação nos momentos em que você precisa se ausentar ou não pode continuar a fazer o pão naquele momento. É uma forma de facilitar o processo de maturação da massa. Isto é: num descanso longo, em temperatura controlada, criam-se as condições para o desenvolvimento de enzimas que vão tornar o pão mais saboroso, leve e digestivo. Pães como baguete, pão de azeitonas, pão integral, pão francês, ciabatta, podem, por exemplo, ser modelados à noite (depois da primeira fermentação), passar a segunda fermentação na geladeira e ser assados pela manhã. E pode usar o refrigerador já na primeira fermentação? Sem dúvida. Mas eu, particularmente, prefiro que o início, digamos, a primeira hora, seja em temperatura ambiente, para que o processo fermentativo ganhe força e só reduza seu ritmo, na geladeira, depois de já estar em plena atividade.

Posso congelar?

Claro, deve congelar. O pão a gente come no dia, preferencialmente, ou até o dia seguinte, e reaproveita em pratos, sobremesas — como mostram várias receitas do *Pão Nosso*. E, se a fornada foi farta, com muita sobra, vale a pena congelar. O melhor, em primeiro lugar, é deixar o pão perfeitamente resfriado, caso você queira congelar no dia da produção. Se ele estiver quente, vai criar cristais de gelo.

Você pode ainda congelar porcionado, em fatias ou em metades (sempre fechando bem, com sacos plásticos vedáveis, filme e afins).

Para regenerar, há alternativas diferentes. Pães inteiros você pode tirar do congelador algumas horas antes — da noite para o dia, por exemplo — e aquecer no forno, rapidamente. Ou sacá-los do freezer diretamente e colocar no forno alto, preaquecido, entre 20 e 30 minutos (dependendo do tamanho). Se quiser, use vapor. Em fatias, é mais fácil: podem ir direto para a chapa.

TEORIA

Glossário

Estes termos são presentes nas receitas e em variadas explicações ao longo do livro. É bom conhecê-los.

AMIDO: é um carboidrato, o componente principal da farinha, responsável por fornecer o açúcar que alimenta as leveduras do fermento, possibilitando o crescimento do pão. Está presente no endosperma, a maior parte do trigo (as outras duas partes são a casca e o germe).

ALVÉOLOS: são os buracos interiores do pão, os furos do miolo. Surgem a partir das bolhas de gás formadas pela fermentação dentro da massa — gás que, por sua vez, é retido pela rede de glúten.

AUTÓLISE: é uma pausa, um descanso entre a mistura de ingredientes e a sova. Um processo que permite que a farinha absorva mais água, criando as precondições para a formação da rede de glúten.

BANNETON: cesto de descanso para a massa usado logo depois da modelagem. O cesto segura o formato do pão e permite ainda que a massa respire, porém sem ressecar. Pode ser feito de palha, tecido, madeira, cipó, plástico...

BÂTARD: pão quase oval, ou, como se diz mais apropriadamente, oblongo. É o formato do filão clássico. O termo, em francês, significa "bastardo", e não por acaso: o pão seria um híbrido, nem longo, nem redondo. Nem baguete, nem bola, mas um meio-termo.

ESPONJA: mais uma expressão relativa aos métodos de pré-fermentação. Assim como a biga e a poolish, ela leva farinha, água e fermento (sempre sem sal). Sua fermentação, diferentemente dos dois tipos citados, acontece de forma mais rápida. É usada em especial para reforçar o crescimento de massas mais ricas, com mais peso (com gorduras, leite, ovos etc.).

ESCALDAMENTO: processo de misturar uma farinha em líquido fervendo para melhorar a liga de uma massa. A ideia é facilitar a gelatinização do amido, e a técnica aparece aqui nas receitas da broa (com a farinha de milho) e do pão de queijo (com o polvilho, derivado da mandioca).

FERMENTAÇÃO: é a digestão, por meio de um fermento, dos açúcares contidos na farinha, gerando gás carbônico — e possibilitando o crescimento da massa.

FORÇA DA FARINHA: uma farinha de trigo forte consegue absorver mais água e facilitar o crescimento do pão, funcionando melhor em fermentações mais longas. A farinha forte tende a ter índice de proteínas mais alto (acima de 10%) e a desenvolver melhor o glúten — que, por sua vez, suporta bem a expansão da massa.

GELATINIZAÇÃO: no caso do amido, usamos esse termo para definir algo que acontece quando a massa vai para o forno — e quando usamos vapor d'água. Os grânulos do amido incham, arrebentam e saem do seu estado mais rígido: viram praticamente uma gelatina que, com a temperatura alta, vai secando até que se forme uma casca crocante.

GLÚTEN: é a musculatura da massa, a rede de proteínas capaz de dar estrutura ao pão. Surge da combinação de duas proteínas contidas no trigo, a gliadina e a glutenina, estimuladas pela farinha em contato com a água e desenvolvidas graças à manipulação — sova e/ou dobras — e ao tempo.

LEVEDURA: trata-se de um fungo (e, portanto, pertencente ao mesmo reino dos cogumelos) responsável pela fermentação. No caso de leveduras como as do gênero *Saccharomyces*, são micro-organismos unicelulares, não dá para enxergá-los a olho nu.

MATURAÇÃO: por meio de um descanso longo, em temperatura controlada, criam-se as condições para o desenvolvimento de enzimas que vão tornar o pão mais saboroso, leve e digestivo. A maturação acontece, digamos, de forma paralela à fermentação.

PESTANA: é o corte do pão, aquela cisão que não apenas deixa o filão bonito, mas permite que ele cresça melhor, proporcionando uma saída para a água da massa que evapora na hora de assar. Deve ser feita com lâmina bem afiada.

POOLISH: massa pré-fermentada preparada com água, farinha e fermento biológico. Muito usada para obter uma fermentação mais lenta, possibilitando um melhor desenvolvimento dos sabores do trigo. Sua atuação é semelhante à da biga (que é mais sólida do que a poolish), outra variação de massa fermentada.

Tabela de equivalências

Medidas caseiras: na balança ou arredondadas para medidores-padrão

ingrediente	1 xícara (chá)	½ xícara (chá)	⅓ de xícara (chá)	¼ de xícara (chá)	1 colher (sopa)	½ colher (sopa)	1 colher (chá)	½ colher (chá)	¼ de colher (chá)
Açúcar	200 g	100 g	66 g	50 g	12 g	6 g	4 g	2 g	1 g
Farinha de arroz	140 g	70 g	45 g	35 g	9 g	5 g	-	-	-
Farinha de aveia	100 g	50 g	34 g	25 g	6 g	3 g	-	-	-
Farinha de centeio	100 g	50 g	34 g	25 g	6 g	3 g	-	-	-
Farinha de trigo	140 g	70 g	45 g	35 g	9 g	5 g	-	-	-
Farinha de trigo integral	150 g	75 g	50 g	38 g	10 g	6 g	-	-	-
Fermento biológico seco	-	-	-	-	10 g	5 g	4 g	2 g	1 g
Fermento químico	-	-	-	-	14 g	7 g	5 g	2 g	1 g
Manteiga	200 g	100 g	66 g	50 g	14 g	7 g	5 g	2 g	1 g
Polvilho azedo	150 g	75 g	50 g	38 g	10 g	5 g	-	-	-
Polvilho doce	120 g	60 g	40 g	30 g	8 g	4 g	-	-	-
Sal	-	-	-	-	15 g	7 g	5 g	2 g	1 g
Sêmola de milho	160 g	80 g	55 g	40 g	10 g	5 g	-	-	-
Líquidos	240 ml	120 ml	80 ml	60 ml	15 ml	7,5 ml	5 ml	2,5 ml	1,25 ml

CAPÍTULO 2

pães de até
2 horas

Tempo hábil, tempo útil

Uma primeira olhada na receita já preocupa: "Tempo total de preparo: 6 horas". Parece muito. Será que dá para esperar tanto? Você queria apenas comer um pão feito em casa, mas será que vale o trabalho?

Não é bem assim. E vale.

Paciência é um dos ingredientes do pão (eu não perco a oportunidade de reforçar esse ponto). Esperar é parte do negócio, quase como modelar ou assar.

O que não quer dizer se tornar escravo da receita.

Durante as horas necessárias para que a mágica do pão aconteça, você não precisa ficar velando a massa, guardando-a como se fosse uma relíquia. Não veremos os bichinhos produzindo a fermentação nem o resultado será melhor se vigiado por uma câmera.

Entraremos em ação apenas naqueles momentos-chave, que requeiram nossa presença, demandem gestos técnicos. Fora isso, estaremos livres para cuidar da vida, executar tarefas, ou mesmo para descansar e se divertir (se é que você já não se diverte a cada nova fornada). O mesmo vale para preparações mais rápidas, sejam elas de 2 ou 4 horas.

A angústia da espera do padeiro caseiro é constituída por várias camadas: o desejo de ter logo o filão pronto; a ansiedade pelo próximo passo; a sensação de que uma parte do dia será comprometida; o tédio; o relógio que não se move.

Eu entendo. Você olha apenas para o tempo total e tem dificuldade de enxergar quanto do seu dia será preenchido pelo pão. E, na verdade, pode fazer um mundo de coisas enquanto aguarda.

Ou, simplesmente, se permitir não fazer nada. Descansar, contemplar uma paisagem, relaxar com a passagem das horas... (Será isso ainda possível, nos nossos tempos?)

Mas já pensou como é viável fazer pão e realizar muitas tarefas, ou ainda desfrutar de alguns instantes de ócio?

Vejamos as etapas (que podem variar, conforme o pão) e o tempo envolvido nelas.

Autólise

Aquela meia hora que parece mais longa do que é, pois você não vê o momento de mexer na massa, não apenas fazer a mistura.

- É o tempo de aprimorar seu plano de voo: releia a receita, preparc o espaço de trabalho, veja se acessórios e ingredientes complementares estão à mão.

- Repasse a programação do dia e pense justamente nesta agenda que estamos construindo juntos.

- Faça um café, um chá.

- Regue as plantas, cuide de seus vasos e canteiros.

Sova

Já vi muita gente me dizer que fica angustiada com movimentos repetitivos e não tira o olho do relógio na hora da sova. Bom, meu primeiro conselho: se você prestar atenção na massa e curtir o momento, melhor. Vai aprimorar seus conhecimentos sobre ela, vai afinar sua percepção tátil. Contudo, vamos tornar essa etapa a mais divertida possível.

- Já tem um padrão de manipulação (dobra, aperta, estica etc.)? Aproveite inclusive para treinar alguns gestos novos.

- Separe algumas músicas de que gosta, isso ajuda muito. Para uns 10 minutos? Três ou quatro músicas dos Beatles funcionam bem.

- Prefere música instrumental? Ótimo. Mas curta a melodia, sintonize-se com o ritmo e vá manipulando a massa. Quando perceber, já foi.

Primeira fermentação

É aquele primeiro descanso. Dá para fazer muita coisa.

- Encare uma caminhada ou até exercícios mais vigorosos.

- Leia. Não gosta de ler pensando que vai ter de parar em algum momento mais breve? Escolha um livro de contos, de crônicas.

- Assista a um filme.

- Em algumas situações, você vai precisar estar por perto: quando a receita pedir dobras na massa, por exemplo, a cada 20 ou 30 minutos. Basta programar um alarme, para não perder o momento. Ou, por que não, assistir a episódios de séries com até 30 minutos de duração.

PÃES DE ATÉ 2 HORAS

Segunda fermentação

Mais um período de descanso, agora com a massa já modelada. Ela vai ganhar volume, fermentar um pouco mais, maturar.

- São, digamos, 45 minutos? Fácil: um tempo de futebol. Não gosta? E um telejornal, um documentário? Dependendo da preparação, dá até para ver um filme.

Mais ainda: se a receita permitir que a segunda fermentação aconteça dentro da geladeira, você dispõe de muitas horas.

- Pode passar o dia inteiro fora de casa, trabalhando, passeando.

- Pode se planejar para que ela aconteça à noite, enquanto todos dormem.

Forno

Bom, sendo 20 ou 45 minutos, nesse caso você vai precisar ficar de olho, monitorar o que acontece. Mas nada que impeça de ouvir música ou ler as notícias do dia.

Então, vamos mudar o jeito de encarar?

Pense assim: "Não fiquei x horas aprisionado pelo pão. Em x horas, fiz várias coisas, inclusive um pão".

Ao longo das receitas deste livro, sugiro músicas, filmes e leituras, passatempos variados, coisas bem pessoais. Só para inspirar — e espero que as dicas ajudem. Depois, é com você.

Pão nosso

rendimento

3 PÃES

tempo estimado de preparo

CERCA DE 2 HORAS

organização do tempo

MISTURA E SOVA

NO MÁXIMO 5 MINUTOS

PRIMEIRA FERMENTAÇÃO

1 HORA, COM 3 SESSÕES DE DOBRAS A

CADA 15 MINUTOS (FIQUE POR PERTO)

MODELAGEM E SEGUNDA

FERMENTAÇÃO

35 MINUTOS

FORNO

20 A 25 MINUTOS

ingredientes

- 400 G | 2½ XÍCARAS + ⅓ DE XÍCARA
(CHÁ) DE FARINHA DE TRIGO
- 350 ML | 1½ XÍCARA (CHÁ) DE ÁGUA
- 5 G | ½ COLHER (SOPA) DE FERMENTO
BIOLÓGICO SECO INSTANTÂNEO
- 8 G | ½ COLHER (SOPA) DE SAL
- 30 ML | 2 COLHERES (SOPA)
DE AZEITE EXTRAVIRGEM
- FARINHA DE TRIGO A GOSTO PARA
POLVILHAR A BANCADA

Cheguei a esta receita num dia de experimentações. Juntei apetrechos, separei a farinha e, num espírito de jam session musical, comecei a brincar de fazer pão. Os temas com que eu queria trabalhar? O pão sem sova; uma massa com alta hidratação; a técnica das dobras; uma certa rapidez. O resultado foi este pão nosso, meio baguete, meio ciabatta, despretensioso, muito crocante. Acho um tanto controvertido alguém dizer que criou um pão (muito difícil falar assim, considerando os milhares de anos e as centenas de variedades de receitas já desenvolvidas). Mas, quem sabe, eu tenha criado. As dobras e a alta hidratação possibilitam uma interessante rede de glúten. O interior é bem aerado, a massa é leve, muito leve. Não raro, tenho feito inclusive receitas dobradas, tal é o sucesso do pãozinho, que acaba num instante. Vai bem com manteiga e funciona espetacularmente para sanduíches. (Seria exagero meu? Depois você me conta...)

1. Numa tigela grande, misture a água com o fermento. Adicione a farinha, de uma só vez, e misture bem com uma espátula de silicone (tipo pão-duro) para incorporar. Acrescente o azeite e o sal e continue mexendo, dobrando a massa sobre ela mesma para agregar o azeite, ficar bem uniforme e... é isso. Cubra com um pano (ou filme) e deixe descansar por 15 minutos.

2. Passados os 15 minutos, vamos fazer uma "dobra": na tigela, revire uma parte da massa com a espátula, de baixo para cima, e dobre sobre ela mesma. Vá girando a tigela e repetindo o movimento até dar uma volta completa — no total serão 4 ou 5 misturadas. Cubra e deixe descansar por mais 15 minutos.

64

CAPÍTULO 2

Organize-se e aproveite as pausas de 15 minutos: programe um alarme e delicie-se com textos curtos, mas repletos de graça e lirismo. Estou me referindo a *Memórias inventadas*, com poemas em prosa de Manoel de Barros. É um mais legal do que o outro. Mas, olhe lá, não descuide das dobras!

3. Repita a operação 2 vezes, sempre deixando um intervalo de 15 minutos de descanso após cada dobra — no total, a massa vai ser "dobrada" 3 vezes.

4. Após os últimos 15 minutos de descanso, polvilhe a bancada com bastante farinha — faça uma camada generosa, pois a massa do pão é bem mole.

5. Vire a tigela e despeje a massa sobre a bancada. Polvilhe a massa com bastante farinha, dessa vez por cima dela — não estranhe, a massa é mole mesmo e vai se acomodar na bancada conforme cair da tigela. Aplaine a massa de leve, só um pouco, para distribuir o gás. Mas não precisa abrir demais (a massa é macia e haverá a tentação de apertar, apertar... Não é o caso, ok?). Com a espátula de padeiro, ajeite as bordas da massa para ficar no formato retangular — não se preocupe em deixar a massa retinha.

6. Com a espátula de padeiro (ou uma faca grande e afiada), corte a massa no sentido do comprimento, para dividir em 3 porções iguais — dê golpes ágeis, cortando e afastando a porção de massa ao mesmo tempo. Polvilhe com mais um pouco de farinha as porções e, com a espátula, afaste bem uma das outras, para ter mais espaço.

7. Para modelar, trabalhe cada porção da seguinte maneira: passe a espátula por baixo das laterais da massa, com golpes leves e ágeis, de modo a deixá-la mais cilíndrica. Com as mãos, em movimentos também leves e rápidos, puxe cada porção de massa pelas extremidades e alongue-a como uma baguete. Ajeite o formato, para que a espessura do pão fique uniforme — não queremos uma ponta muito fina e um centro mais gordo. E queremos um pãozinho roliço, não achatado como uma ciabatta. No fim da modelagem, cada pão vai ficar com cerca de 40 cm de comprimento.

8. Com cuidado, transfira os pães para uma assadeira grande antiaderente (se preferir, utilize papel próprio para assar ou unte a assadeira com azeite). Lembre-se de deixar uma distância segura entre os pães para que cresçam sem grudar. Cubra com um pano e deixe descansar novamente por 30 minutos.

9. Enquanto isso, preaqueça o forno a 220 ºC (temperatura alta).

10. Passados os 30 minutos, coloque a assadeira no forno, borrife generosamente com água e feche a porta rapidamente — pode caprichar nas borrifadas, para que a "nuvem" de vapor cubra tanto o pão como toda a parte interna do forno. Se preferir, coloque também uma assadeira com água na parte mais baixa do forno — a umidade é que ajuda o pão a ficar mais crocante.

11. Deixe os pães assarem por 20 a 25 minutos, ou até que fiquem com um belo tom dourado. Retire do forno, transfira os pães para uma grade e deixe esfriar antes de servir.

Conserva de berinjela

rendimento

CERCA DE 1 KG DE CONSERVA

tempo estimado de preparo

40 MINUTOS

ingredientes

- 2 BERINJELAS
- 3 TALOS DE SALSÃO, SEM AS FOLHAS
- ½ PIMENTÃO VERMELHO
- ½ PIMENTÃO AMARELO
- ½ PIMENTÃO VERDE
- 6 DENTES DE ALHO SEM CASCA E LEVEMENTE AMASSADOS
- ½ XÍCARA (CHÁ) + 3 COLHERES (SOPA) DE AZEITE EXTRAVIRGEM
- 3 COLHERES (SOPA) DE VINAGRE DE VINHO BRANCO
- 1 COLHER (CHÁ) DE ORÉGANO SECO
- PIMENTA CALABRESA EM FLOCOS A GOSTO
- SAL A GOSTO
- 2 COLHERES (CHÁ) DE ALCAPARRAS (OPCIONAIS)

Este é um dos sabores mais antigos que trago na memória: o da conserva de berinjela lá de casa, feita pela minha avó, que minha mãe prepara até hoje. Há uma mistura de sabores e texturas, uma sobreposição de camadas, em que se percebem especialmente o salsão, o alho, os pimentões. E há um protagonismo da berinjela, que fica bem macia, embora firme. É um acompanhamento que cai bem com uma carne, com cuscuz marroquino. E com macarrão, numa espécie de molho improvisado para uma noite apressada. Mas que, a meu ver, se revela ainda melhor para comer com pão. Tanto os mais cascudos, em fatias grossas, cobertos pela conserva, à maneira de uma bruschetta; como os mais macios, para afundar, pescando pedaços dos vegetais e aproveitando a generosa quantidade de azeite que a receita pede. Ao longo do tempo, minha mãe modificou alguns passos e, agora, prefere iniciar com a cocção a vapor — que ela realiza usando um escorredor de macarrão, tampado sobre uma panela com um pouco de água. Você pode fazer dessa forma ou utilizar uma panela com acessórios próprios para esse tipo de cozimento, como os que sugerimos na receita do pão chinês (p. 80). Por fim, tome cuidado com a condimentação, para não exagerar no sal nem extrapolar a quantidade de orégano seco (esteja alerta: se bobear, ele predomina).

1. Lave e seque as berinjelas. Mantenha a casca e descarte o cabo. Corte as berinjelas ao meio, no sentido do comprimento. Corte cada metade em 6 tiras, e as tiras em pedaços de 3 cm.

2. Lave e seque os talos de salsão. Corte e descarte a base (a parte branca próxima das raízes). Com o descascador de legumes, tire os fios dos talos (a parte mais fibrosa) e corte cada um em fatias de aproximadamente 2 cm de espessura.

3. Lave, seque e corte os pimentões ao meio. Descarte as sementes e corte cada metade em quadrados de 2 cm.

4. Leve uma panela com um pouco de água ao fogo médio para ferver. Acomode os pedaços de berinjela num cesto próprio para vapor (ou use um escorredor de macarrão acoplado à panela). Quando a água ferver, encaixe o cesto, tampe e deixe cozinhar por 6 minutos, até as berinjelas ficarem levemente macias — na metade do tempo, misture com uma espátula para cozinhar os pedaços por igual. Se o seu cesto for pequeno, faça a cocção em 2 partes.

5. Transfira as berinjelas cozidas para uma tigela e repita o procedimento com o salsão: cozinhe no vapor por 6 minutos, até ficar levemente macio, mas ainda *al dente*. Reserve.

6. Leve uma panela grande ao fogo médio. Quando aquecer, regue com 1 colher (sopa) de azeite e refogue os dentes de alho por 30 segundos, para perfumar sem deixar dourar. Acrescente os pimentões picados, junte 2 colheres (sopa) de água e mexa por cerca de 5 minutos, até que eles fiquem macios, mas ainda firmes. Atenção à panela: se os líquidos secarem antes do tempo, regue com mais 1 colher (sopa) de água — dessa forma o pimentão não perde a suculência nem corre o risco de queimar.

7. Adicione o restante do azeite, o vinagre, a berinjela e o salsão cozidos. Tempere com o orégano, a pimenta calabresa, sal a gosto e misture bem. Deixe cozinhar em fogo baixo por cerca de 15 minutos, até os legumes ficarem bem macios e ainda sobrar azeite no fundo da panela — mexa de vez em quando para a berinjela não grudar no fundo. Se for adicionar as alcaparras, elas entram no fim da cocção, com o fogo ainda ligado.

8. Transfira para um recipiente grande (de vidro, de preferência), com tampa, ou divida em vários potes menores. Deixe esfriar antes de tampar e guarde na geladeira por até 10 dias.

Eleja o seu pão e fique craque

Costumo dizer que tive o azar de começar a fazer pão num tempo pré-Google, pré-Facebook, pré-YouTube.

Costumo dizer que tive a sorte de começar a fazer pão num tempo pré-Google, pré-Facebook, pré-YouTube.

Não estou maluco. Penso mesmo isso.

Da mesma forma que é sensacional ter tamanha quantidade de informação ao alcance do computador ou do smartphone — e é maravilhoso contar com a ajuda de padeiros do mundo todo —, creio que dispor de tantas fontes e tantas possibilidades (por vezes discordantes e até antagônicas em seus aconselhamentos) pode provocar confusão. E fartas doses de angústia.

Entrei no mundo dos pães como um autodidata, errando muito, executando passos sem saber por que motivos os fazia (descobrindo apenas muito depois). Usava os livros disponíveis, perguntava a profissionais, tentava desvendar certos mistérios durante algumas viagens. Percorrer esse caminho só na base da intuição, na bofetada, levou muito tempo — e como é bom, hoje, ter explicações já prontas na internet, como é útil contar com livros elucidativos, tutoriais muito objetivos. Por outro lado, foi uma trajetória que permitiu que eu encontrasse um jeito próprio de fazer as coisas. Uma pesquisa árdua, mas gratificante. E que me obrigou a ter algum foco. Já disse antes e repito: em panificação, a aprendizagem é contínua. Não há um dia em que eu não descubra uma coisa nova.

A superoferta de orientações tem seus efeitos colaterais: a dificuldade de chegar a um conjunto de práticas que funcionem harmonicamente; e os riscos de montar um Frankenstein de artimanhas, truques e astúcias.

Para comparar com a cozinha, sinto às vezes que as pessoas querem executar uma especialidade italiana usando uma cocção chinesa, técnicas francesas, ingredientes mexicanos, temperos brasileiros... Claro, isso é válido, fusões e novidades também nascem assim. Mas, se você é iniciante, pode ser informação de mais, com critérios de menos.

Sem falar no sofrimento causado por ver tantos pães lindos em fotos e vídeos, em contraponto a uma demanda voraz por resultados imediatos. A sensação é: parece que todo mundo está dominando as artes da panificação, menos eu.

Não é verdade.

O meu conselho? É evidente que você deve usar à vontade as facilidades contemporâneas, as muitas conexões possíveis. Investigue, pergunte, faça parte de grupos virtuais. Mas, para o início, escolha uma referência. Um autor, um estilo, um padeiro... Pratique dicas e receitas dentro de um sistema coerente. Para não ter que lidar, de cara, com tantos parâmetros como hidratação, tempos, tipo de fermento, maturações...

Mais ainda: fique craque numa receita. Adote-a, repita-a, capriche, até que o resultado fique bom, em sabor, em aparência. Para ir além e citar um padeiro amigo, o Marco Antônio Correa, o Rei da Broa: "Descubra o seu pão". Sim, aquela especialidade sua de resistência, de confiança. Aquela que você vai treinar exaustivamente. Aquela que, quando a família e os amigos precisarem de um filão para um almoço especial, será o seu carro-chefe.

Em resumo, quando você se aprimorar na sua receita preferida, vai sentir mais segurança para variar, arriscar outras técnicas, e aproveitará muito mais a abundância de fontes disponíveis. Tenha paciência, as redes sociais podem esperar: não desanime se ainda não conseguiu publicar a imagem daquele pão incrível. Seus filões estão gostosos? Bem fermentados? Então, está na trilha certa. Com o treino, vai mudar de nível, produzir fornadas mais saborosas, bonitas... Mas, tal e qual se faz com um bom pão, respeite seu tempo.

Pão sueco

rendimento

CERCA DE 30 PÃEZINHOS FINOS
E CROCANTES

tempo estimado de preparo

ENTRE 1H35 E 1H50

ingredientes

- 150 G | 1 ½ XÍCARA (CHÁ)
DE FARINHA DE CENTEIO
- 150 G | 1 XÍCARA (CHÁ)
DE FARINHA DE TRIGO INTEGRAL
- 100 G | ⅔ DE XÍCARA (CHÁ)
+ 1 COLHER (SOPA)
DE FARINHA DE TRIGO
- 260 ML | 1 XÍCARA (CHÁ) +
1 COLHER (SOPA) DE ÁGUA
- 30 G | 2 COLHERES (SOPA)
DE MANTEIGA DERRETIDA
- 4 G | 1 COLHER (CHÁ) DE FERMENTO
BIOLÓGICO SECO INSTANTÂNEO
- 8 G | ½ COLHER (SOPA) DE SAL
- ½ COLHER (SOPA) DE KUMMEL (OU
SEMENTES DE COMINHO)
- ½ COLHER (SOPA) DE SEMENTES
DE GERGELIM
- 1 COLHER (CHÁ) DE SEMENTES
DE ERVA-DOCE

Nem aquavit nem arenque. Talvez o produto alimentício escandinavo — no caso, sueco, mais precisamente — de maior sucesso em nosso mercado seja o chamado knäckebröd. As lâminas crocantes, enriquecidas com sementes, acabaram se tornando familiares para muitos consumidores brasileiros. Esse pãozinho-quase-biscoito cai bem puro, como um tira-gosto, e funciona principalmente com pastas e antepastos variados. O pão sueco, no país de origem, é encontrado tanto no formato retangular, mais familiar para nós, como no circular, com espessuras variáveis, do bem fininho ao mais grosso. Nesta receita, mantive o molde mais conhecido por aqui, com um misto de farinhas e 3 sementes diferentes (o kummel, um parente do cominho, é importantíssimo na identidade de sabor). Só não tenha preguiça na hora de abrir a massa, deixe-a bem fina. E capriche na hora de cortar os retângulos; o acabamento vai ficar muito melhor.

1. Numa tigela grande, coloque a água e o fermento e mexa com uma espátula para dissolver. Acrescente as farinhas, de uma só vez, e misture bem para incorporar. Adicione o sal, em pitadas, e misture novamente — nesse ponto, se a massa já estiver mais firme, comece a misturar com as mãos.

2. Acrescente a manteiga derretida e misture manualmente, para a massa absorver a gordura. Por último, junte aos poucos as sementes, misturando a cada adição.

3. Transfira a massa para a bancada e comece a sovar com as mãos: trabalhe bem por 5 minutos, o suficiente para deixá-la lisa (o pão é fininho, não precisamos de um miolo cheio de alvéolos). Modele uma bola, passe a massa para uma tigela e cubra com um pano (ou filme). Deixe crescer por 1 hora.

4. Na metade da fermentação, isto é, depois de 30 minutos, preaqueça o forno a 220 °C (temperatura alta).

PÃES DE ATÉ 2 HORAS

organização do tempo

MISTURA E SOVA
15 MINUTOS

PRIMEIRA FERMENTAÇÃO
1 HORA (SEM INTERVENÇÕES, É TEMPO LIVRE)

MODELAGEM
10 MINUTOS

FORNO
12 A 15 MINUTOS

O descanso nem é tão longo; nem é o caso de você matar essa horinha vendo um filme escandinavo denso, como os de Ingmar Bergman. Mas dá para ver o interessante episódio sobre o cozinheiro sueco Magnus Nilsson na primeira temporada de *Chef's Table*, série da Netflix criada por David Gelb.

5. Após 1 hora, coloque a massa crescida na bancada levemente enfarinhada. Com uma faca (ou espátula de padeiro), divida a massa em 2 partes. Achate levemente cada pedaço para liberar o gás.

6. Utilize um rolo para abrir a massa em 2 retângulos bem fininhos. Minha dica: se você tem telas de silicone, abra a massa diretamente sobre elas e coloque-as sobre a assadeira na hora de ir ao forno. Caso contrário, abra cada pedaço sobre uma folha de papel próprio para assar — deixe a face brilhante, que não gruda, voltada para cima, para ficar em contato com a massa. Outra opção é polvilhar a massa com um pouco de farinha e abrir diretamente na bancada, também polvilhada com farinha, para depois transferi-la para a assadeira. Mais uma sugestão: se você tiver máquina de fazer macarrão e lidar bem com ela, pode usar para abrir a massa, pois funciona.

7. Abra um pedaço da massa de cada vez, formando um retângulo de cerca de 30 cm × 25 cm — a ideia é que a massa fique com cerca de 2 mm de espessura. Com uma faca (ou cortador de pizza), corte o excesso

de massa para acertar as bordas — assim os retângulos ficam retinhos. Junte as aparas de massa para abrir novamente num retângulo menor, para não desperdiçar.

8. Mais uma vez, com a faca (ou cortador), corte cada massa aberta em retângulos menores, de cerca de 10 cm × 5 cm. Transporte cada tela de silicone (ou folha de papel) com os pães para uma assadeira grande. Se você tiver 2 assadeiras semelhantes, e se o seu forno comportar, pode assar ambas ao mesmo tempo, lado a lado. Caso contrário, coloque uma de cada vez no forno. Se tiver utilizado a máquina de macarrão ou aberto a massa diretamente na bancada, transfira os retângulos com uma espátula para as assadeiras — nem precisa untar. Não precisa deixar descansar.

9. Terminadas as divisões na massa, leve direto para assar. No momento de colocar as assadeiras, borrife o interior do forno com um pouco de água para criar vapor. Se você quiser seu pão sueco mais crocante, deixe assar por 15 minutos. Se preferir que ele fique um pouco mais macio, 12 minutos.

10. Retire do forno e, com uma espátula (ou pinça), transfira os pães suecos para uma grelha. Deixe esfriar completamente antes de servir ou armazenar — guardados num pote com fechamento hermético, eles permanecem crocantes por até 1 semana.

Ricota caseira

rendimento

1 QUEIJO COM CERCA DE 170 G

tempo estimado de preparo

ATÉ 1 HORA

ingredientes

- 1,5 LITRO DE LEITE INTEGRAL TIPO A
- 2 COLHERES (SOPA) DE CALDO DE LIMÃO PENEIRADO

Obs.: se preferir, você pode utilizar leite longa-vida. A receita também dá certo, a diferença é que o leite demora um pouco mais para talhar e o queijo será um pouco menor.

Chame as crianças, mostre a elas a mágica: o leite esquenta na panela e, de repente, vira queijo. Aí, você pode até explicar que a adição de limão, que é ácido, provoca a coagulação e permite que os sólidos se agreguem, gerando uma variante de ricota. E ainda pode mostrar, depois, como se modela. Mas elas vão adorar e entender, de fato, quando você temperar seu queijinho com um pouco de sal, um ótimo azeite extravirgem... E servir com pão. Ou, quem sabe, usando-o como ingrediente para uma pasta alla norma, com berinjela, tomate e ricota, ou até recheando uma sobremesa, como cannoli.

1. Coloque o leite numa panela e leve ao fogo alto. Assim que ferver e levantar espuma, desligue o fogo. Junte o caldo de limão e misture bem.

2. Deixe o ácido do limão agir por cerca de 5 minutos, até talhar o leite — ele deve ficar empelotado, com uma parte sólida branca bem visível, imersa num líquido levemente amarelado. Se demorar muito, ligue o fogo e deixe levantar fervura novamente. Desligue, mexa e espere mais alguns minutos até talhar.

3. Enquanto isso, forre uma peneira com um pano de algodão fino e limpo (ou pano de prato) e coloque sobre uma tigela funda.

4. Despeje delicadamente o leite talhado sobre a peneira. Junte as pontas do pano de prato e levante para formar uma trouxinha. Com cuidado para não se queimar, torça o pano e aperte contra a peneira para escorrer o soro – esse líquido é rico em proteínas. Se desejar, você pode reservar esse soro para substituir a água (ou parte dela) em receitas como sopas e ensopados.

5. Transfira a trouxinha (com o queijo) para dentro de um refratário individual (tipo ramequim). Abra o pano e, com as costas de uma colher, nivele o queijo para ficar enformado. Volte a fechar o pano sobre o queijo e, sobre ele, apoie uma lata cilíndrica — pode ser de tomate pelado ou leite condensado, por exemplo — para prensar. A ideia é que o queijo solte um pouco mais de líquido e fique perfeitamente modelado.

6. Após 20 minutos, retire a lata e abra o pano. Coloque um prato sobre o refratário e vire de uma só vez para desenformar. Sirva a seguir ou conserve na geladeira por até 3 dias, coberto com filme, para não ressecar.

Pão estilo oriental
no vapor (bao)

rendimento

12 PÃEZINHOS

tempo estimado de preparo

ENTRE 2 HORAS E 2H15

organização do tempo

MISTURA E SOVA

10 A 15 MINUTOS

PRIMEIRA FERMENTAÇÃO

1 HORA

MODELAGEM E SEGUNDA

FERMENTAÇÃO

35 MINUTOS

COZIMENTO NO VAPOR

15 A 20 MINUTOS + 5 MINUTOS COM

O FOGO APAGADO

ingredientes

- 350 G | 2½ XÍCARAS (CHÁ) DE FARINHA DE TRIGO
- 240 ML | 1 XÍCARA (CHÁ) DE ÁGUA
- 4 G | 1 COLHER (CHÁ) DE FERMENTO BIOLÓGICO SECO INSTANTÂNEO
- 5 G | 1 COLHER (CHÁ) DE AÇÚCAR
- 7 G | ½ COLHER (SOPA) DE SAL
- 15 ML | 1 COLHER (SOPA) DE ÓLEO DE GERGELIM (OU DE MILHO)
- FARINHA DE TRIGO A GOSTO PARA POLVILHAR
- ÓLEO DE MILHO A GOSTO PARA PINCELAR OS PÃES

Obs.: você vai precisar também de papel-manteiga e de uma panela para cozinhar no vapor — pode ser panela para macarrão ou aquela cesta oriental de palha, apropriada para esse tipo de preparo, apoiada sobre uma wok.

A riqueza culinária da China é um espanto. Sinto isso toda vez que me deparo com a extensão do repertório de receitas e com a complexidade de suas tradições. São milhares de anos de história, uma geografia totalmente diversificada, uma variação regional de atordoar. Isso diz respeito não apenas a ingredientes e pratos, mas também aos pães. Respeitosamente, selecionei aqui uma versão simples do chamado bao. Ou, se preferirem, do mantou — nome genérico para o pãozinho redondo, leve e macio preparado no vapor. Não vamos usar forno, mas sim uma panela para cozinhar legumes ou macarrão. Ou ainda aquela base de bambu tipicamente oriental (em algumas lojas, encontra-se pelo termo em inglês, bamboo steamer), *própria para esse tipo de cocção. O bao é uma delícia para sanduíches. A parceria com uma carne de porco bem condimentada, temperada ao estilo asiático, é ótima. Pode ser, contudo, que você conheça ainda outro tipo de pão chinês no vapor: aquele mais achatado, já moldado para envelopar o recheio, sem precisar cortar. É o gua bao, e eu também explico como fazê-lo (eles se diferenciam apenas na modelagem final).*

1. Numa tigela grande, misture a água com o fermento e o açúcar.

2. Reserve um pouco da farinha de trigo (cerca de ½ xícara) para adicionar na hora da sova e junte o restante à água, de uma só vez. Acrescente o sal e misture bem com uma espátula de silicone, para incorporar. Por último, misture o óleo.

3. Só depois que estiver tudo bem misturado, comece a trabalhar a massa com as mãos — assim você evita transferir calor em excesso das mãos para os ingredientes. Sove a massa, dentro da tigela, por cerca de 10 minutos, até ficar bem homogênea, elástica e apenas levemente pegajosa — durante a sova, vá adicionando aos poucos a farinha reservada. A manipulação nessa etapa é bem importante, porque queremos, no final, uma textura leve.

4. Retire a massa da tigela e unte o interior com um pouquinho de óleo. Modele a massa numa bola, volte para a tigela e cubra com um pano (ou plástico). Deixe descansar por 1 hora, até a massa crescer e ficar aerada — ela vai crescer bastante, sem chegar a dobrar.

5. Polvilhe levemente a bancada com farinha de trigo e, com uma espátula de silicone, transfira a massa para a bancada. Com as mãos, modele um cordão grosso, rolando a massa na bancada como se estivesse fazendo nhoque. Com a faca, corte o cordão em 12 porções (se preferir, use uma balança para garantir que os pedaços saiam do mesmo tamanho).

6. Modele cada porção de massa numa bolinha — pressione e role a massa sobre a bancada, ou entre as mãos, para a modelagem ficar bem apertadinha. Mantenha as bolinhas na bancada enfarinhada, deixando espaço entre elas, pois vão crescer. Cubra novamente com o pano e deixe descansar por 30 minutos.

7. Enquanto aguarda, corte o papel-manteiga em 12 quadrados de 8 cm. Quando faltarem 10 minutos do tempo de descanso, preencha o fundo da panela de vapor (ou wok) com água e leve ao fogo médio.

8. Transcorrido o descanso, pincele a superfície dos quadrados de papel-manteiga e a base de cada bolinha com óleo de milho — isso evita que os pães grudem no papel-manteiga enquanto cozinham no vapor. Apoie uma bolinha de massa sobre cada um dos papéis.

9. Acomode quantos pães couberem no cesto da panela a vapor (ou cesto de bambu), um ao lado do outro, deixando cerca de 1 cm entre eles (se não houver espaço, cozinhe os pães em 2 etapas). Atenção: é importante verificar se a água fervente não está em contato com o cesto. Queremos só o vapor, ok?

10. Assim que a água ferver, encaixe o cesto de vapor na panela e tampe (caso esteja utilizando o cesto de bambu, feche e coloque na wok). Abaixe o fogo e deixe cozinhar por 15 a 20 minutos (sem abrir a panela). Passado o tempo de cocção, desligue o fogo e aguarde 5 minutos para destampar a panela (ou cesto).

11. Com cuidado, retire os pãezinhos da panela (ou cesto), descole o papel da

parte de baixo e sirva a seguir. O bao fica ótimo cortado ao meio, para preparar sanduíches.

Para fazer o gua bao

A receita é com a mesma massa, o mesmo processo. Só que essa variante de Taiwan, o gua bao, é o pãozinho achatado, já "pré-cortado" (na verdade, dobrado), pronto para receber o recheio do sanduíche.

Siga a receita anterior e execute tudo igual até o passo 7, com o recorte dos quadrados de papel. Agora, vamos às diferenças.

1. Passado o descanso de 30 minutos, polvilhe com um pouco de farinha a bancada e, com um rolo, abra cada bolinha em apenas uma direção: queremos que ela fique alongada, não redonda. Vamos deixá-la mais ou menos com 15 cm de comprimento, 7 cm de largura e 3 mm de espessura.

2. Pincele apenas metade da superfície da massa com óleo de milho e feche ao meio, como um pastel (a parte pincelada para dentro), sem pressionar as bordas — o óleo evita que as partes grudem na hora do cozimento, e o pão fica no formato ideal para sanduíche. Pincele também a base da massa.

3. Coloque a massa dobrada sobre o quadrado de papel untado e, delicadamente, acomode-a na panela a vapor. Repita a operação com as outras bolinhas.

4. Verifique se a água está fervendo e encaixe o cesto de vapor na panela. Tampe, baixe o fogo e deixe os pãezinhos cozinharem por 12 a 15 minutos (como a massa está fininha, cozinhará mais rápido do que o pão redondo). Desligue o fogo e deixe a panela tampada por 5 minutos antes de tirar os pães.

5. Antes de servir, descole o papel da parte de baixo e abra os gua bao: eles estão prontos para receber o recheio.

Barriga de porco assada

rendimento

12 PORÇÕES PARA RECHEAR
PÃO CHINÊS OU 6 PORÇÕES COMO
PRATO PRINCIPAL

tempo estimado de preparo

2H30

ingredientes

- 1 KG DE BARRIGA DE PORCO EM PEÇA
- 4 CEBOLAS
- 1½ COLHER (SOPA) DE SAL GROSSO

PARA O MOLHO

- 2 PIMENTAS DEDO-DE-MOÇA
- 3 DENTES DE ALHO
- 2 COLHERES (SOPA)
DE GENGIBRE RALADO
- 1 COLHER (SOPA) DE ÓLEO
- ½ XÍCARA (CHÁ) DE SHOYU
- ½ XÍCARA (CHÁ) DE VINAGRE DE ARROZ
- ½ XÍCARA (CHÁ) DE ÁGUA FILTRADA
- ⅓ DE XÍCARA (CHÁ) DE AÇÚCAR
MASCAVO
- 1 COLHER (SOPA) DE AMIDO DE MILHO
- CEBOLINHA FATIADA A GOSTO

A barriga assada e servida com molho oriental está para o nosso pãozinho chinês no vapor como a manteiga está para a baguete. Não se trata de uma frase de efeito, mas de algo que você vai descobrir na prática. Fatie a barriga (será mais fácil depois que esfriar) com uma faca bem afiada e desfrute. Uma dica: primeiro, prove o porco sozinho, sem acompanhamento. Verá como a cocção no forno, apenas com sal e cebola, deixa a carne deliciosa, valorizando-a em seus elementos mais fortes — inclusive o colágeno presente na barriga. Depois, coma com o molho e note como o prato sobe um degrau, ganha relevo, equilibrando o picante, o salgado, o azedo e o doce, como só as especialidades ao estilo chinês conseguem fazer. Siga as etapas descritas na receita, especialmente no que diz respeito ao tempo e à temperatura do forno — abuse do termômetro —, e veja que sabor e textura podem ser tirados de um corte suíno tão trivial e barato. Para o molho, é importante organizar o passo a passo, picando, porcionando, medindo, pouco antes de colocar a panela no fogo. Deixe tudo à mão, pois as etapas são relativamente rápidas e é preciso ter atenção para não queimar nem perder o ponto. E, claro, organize-se para produzir os pãezinhos e o molho enquanto a carne de porco estiver assando.

1. Preaqueça o forno a 170 °C (temperatura baixa). Retire a barriga de porco da geladeira e deixe em temperatura ambiente enquanto o forno preaquece — a carne não deve estar gelada na hora de ir ao forno.

2. Com uma faca bem afiada (ou estilete), faça cortes superficiais na pele da barriga do porco a cada 1 cm, no sentido da largura da peça. Atenção: cuidado para não cortar muito fundo e atingir a camada de gordura ou de carne. Seque bem com papel-toalha.

3. Transfira a barriga de porco para a assadeira e tempere toda a superfície da pele e da carne com o sal grosso — caso os grãos de sal estejam muito grandes, bata no pilão para quebrar em pedaços menores.

4. Disponha a barriga com a pele para baixo e leve ao forno para assar por 1 hora — assim a pele aquece na própria gordura em contato com a assadeira e a carne assa lentamente em temperatura baixa.

5. Abra o forno, retire a assadeira e, com o auxílio de uma pinça e uma espátula, vire a barriga de porco, deixando a pele para cima, para que comece a dourar e ficar crocante. Volte ao forno e deixe assar por mais 30 minutos, mantendo a temperatura a 170 °C.

6. Enquanto isso, descasque e corte as cebolas em meias-luas grossas, de 2 cm. Reserve.

7. Retire novamente a assadeira do forno e aumente a temperatura para 240 °C (temperatura alta). Com cuidado para não se queimar, tire a carne da assadeira e disponha uma camada generosa de cebolas, formando uma caminha. Coloque a barriga sobre a camada de cebolas com a pele para cima — as cebolas mantêm a umidade da carne e evitam que ela resseque com a alta temperatura. Volte a assadeira ao forno e deixe assar por mais 30 minutos, até a pele ficar bem dourada e crocante.

8. Retire do forno e deixe a peça descansar por 10 minutos antes de fatiar. Enquanto isso, prepare o molho.

Para o molho

1. Lave, seque e corte as pimentas dedo-de-moça ao meio. Com a ponta da faca, raspe e descarte as sementes; fatie fino cada metade e lave muito bem as mãos logo em seguida. Descasque e pique fino os dentes de alho.

2. Leve uma panela pequena ao fogo médio. Quando aquecer, regue com o óleo, adicione as pimentas picadas e refogue por 2 minutos, até murchar. Junte os dentes de alho e o gengibre ralado e refogue por mais 1 minuto, apenas para perfumar.

3. Acrescente o vinagre de arroz e misture bem. Junte o shoyu, ¼ de xícara (chá) de água, o açúcar mascavo e misture novamente. Mantenha em fogo médio até ferver.

4. Assim que ferver, abaixe o fogo e deixe cozinhar por 5 minutos para o molho absorver os sabores dos ingredientes refogados. Enquanto isso, numa tigela pequena, misture o amido de milho no restante da água e reserve.

5. Passados os 5 minutos, desligue o fogo e coe o molho sobre uma tigela. Volte o molho coado ainda quente à panela — nem precisa lavar. Junte a mistura de água e amido de milho e volte ao fogo médio, mexendo por cerca de 2 minutos, até engrossar. Para saber se o molho está no ponto, cubra as costas de uma colher com ele e passe o dedo indicador formando uma linha: o molho não deve escorrer. Desligue o fogo e transfira para uma molheira.

6. Fatie a barriga de porco, regue com o molho e salpique de cebolinha fatiada. Sirva a seguir.

Não tem pão?

Muita gente acha que não como pão de padoca. Mas eu como. Que não consumo outros pães, fora os meus (pois consumo: de amigos, de padeiros profissionais... nunca houve tanta oferta de ótima qualidade como agora). Que não compro pães em gôndola de supermercado — eu compro, porque preciso conhecer um pouco de tudo, e constato que a maioria continua sendo ruim. E que nunca falta pão na minha casa. Errado: de vez em quando, falta.

Às vezes, o consumo é maior do que o previsto. Ou a generosidade é além do que deveria (tradução: dou os pães que tenho e esqueço que fiquei sem nenhum). Ou o cálculo de produção não corresponde à demanda real, deixando inclusive o freezer sem reservas estratégicas. E, chega tarde da noite, vejo que não tem pão. Não é uma sensação alarmante? (Os aficionados vão me entender...)

O que costumo fazer, nesses casos? Recorro, no café da manhã, a receitas como o pão da hora, que publiquei no primeiro livro: farinha integral, metade do seu peso em água, um pouco de sal. Faço uma bola, deixo descansar, enquanto me preparo para o início do dia. Depois, produzo discos fininhos e finalizo na chapa bem quente, até que dourem dos dois lados. Sem fermentação, mesmo. Um digno quebra-galho.

Outro truque que funciona bem, também no estilo pãozinho achatado: farinha branca (digamos, 300 g), 60% do seu peso em água (180 g), um toque de azeite (5 ml), um pouco de sal (6 g), uma pitadinha de fermento biológico seco instantâneo (¼ de g, a pontinha da colher de chá). Antes de dormir, misture tudo muito bem, amasse, aperte, deixe homogêneo; divida a massa e modele em várias "bolinhas de pingue-pongue"; assente-as sobre uma superfície com farinha, cubra com um pano. Pela manhã, aqueça bem a chapa, abra discos fininhos com cada uma das bolinhas e prepare pães ao estilo pita, um a um. Deixe até que inflem e dourem, e estão prontos.

E aí, passada a urgência, dá tempo de preparar um pão mais substancioso, elaborado. Mas é muito tranquilizador saber que sempre há para onde correr, com recursos ao alcance da mão, dentro do armário da cozinha. Se até a farinha acabar, paciência: você acorda mais cedo e vai à padaria. Ao menos enquanto ninguém inventar um serviço de entrega em domicílio a qualquer horário.

De resto, voltando aos mitos sobre a autossuficiência resoluta de quem se dedica ao pão caseiro: é essencial continuar comprando, provando, testando. Para aprender, absorver referências, experimentar outros estilos e formar repertório. Para aquele dia em que deu preguiça, ou quando você apenas quis comer outros filões que não o seu. Com o tempo, você vai formando uma rede de padeiros amigos, e surge a chance até de combinar escambo... Quer coisa mais em sintonia com o espírito do artesanal?

PÃES DE ATÉ 2 HORAS

Pão rápido
(soda bread)

rendimento
1 PÃO DE CERCA DE 700 G

tempo estimado de preparo
CERCA DE 1 HORA

organização do tempo
PREAQUECIMENTO DO FORNO
20 MINUTOS
MISTURA
5 MINUTOS
FORNO
35 MINUTOS

ingredientes
- 250 G | 1¾ XÍCARA (CHÁ) DE FARINHA DE TRIGO
- 250 G | 1⅔ XÍCARA (CHÁ) DE FARINHA DE TRIGO INTEGRAL
- 350 ML | 1⅓ XÍCARA (CHÁ) + 2 COLHERES (SOPA) DE LEITE EM TEMPERATURA AMBIENTE
- 6 G | 1 COLHER (CHÁ) DE FERMENTO QUÍMICO (FERMENTO DE BOLO)
- 5 G | 1 COLHER (CHÁ) DE SAL
- MANTEIGA A GOSTO PARA UNTAR A FÔRMA

A situação é alarmante. Você está sem pão no armário, sem pão no congelador, com pouco tempo, impossibilitado de sair... Mas tem alguns ingredientes na despensa. O que fazer? Pão rápido. Esta versão do soda bread dos britânicos é para momentos assim. Aqui, o princípio é muito mais de um bolo do que de um pão. Não existe fermentação, isto é, produção de gás pelas leveduras a partir do consumo do amido da farinha. Quem gera o volume é o chamado fermento químico, numa típica reação de ácido combinado com base, produzindo bolhinhas de CO$_2$. No soda bread original, utilizava-se o leitelho, o soro (butter milk) da extração da manteiga, um líquido ácido que, ao reagir com o bicarbonato de sódio, fazia a massa subir. A experiência é divertida e, na hora do aperto, vale a lembrança desta receita veloz e que, cortada ainda morna, vai muito bem com manteiga.

1. Preaqueça o forno a 200 °C (temperatura média). Unte com manteiga uma fôrma de bolo inglês de 22 cm × 10 cm (se preferir, utilize uma fôrma antiaderente). Atenção: só comece a fazer a receita quando o forno estiver ligado há pelo menos 20 minutos, pois o processo é bem rápido.

2. Numa tigela, misture as farinhas, o fermento químico e o sal. Coloque o leite de uma só vez e misture bem com uma espátula para incorporar, até formar uma massa grudenta — não precisa sovar, trabalhe a massa apenas até ficar homogênea.

3. Transfira a massa para a fôrma e nivele com a espátula para que ela fique distribuída por igual. Com uma faca bem afiada (ou navalha de pão), faça um corte longitudinal na superfície do pão, de uma ponta à outra.

4. Leve ao forno para assar por cerca de 35 minutos, até ficar dourado. Retire do forno e, com cuidado, transfira o pão para uma grade. Espere esfriar um pouco. Este pão você pode comer mais quentinho.

Pão multigrãos sem glúten

rendimento
1 PÃO DE CERCA DE 700 G

tempo estimado de preparo
CERCA DE 2 HORAS

organização do tempo
MISTURA E SOVA
15 MINUTOS
PRIMEIRA FERMENTAÇÃO
1 HORA (NÃO É NECESSÁRIA
NENHUMA INTERVENÇÃO)
FORNO
40 MINUTOS

"Ô, Luiz Américo, até você fazendo pão sem glúten?" Até eu. Em matéria de pão, sou onívoro: como inclusive os sem trigo. Já não é de hoje que muitos leitores me pedem uma receita do tipo. Tenho feito pesquisas e levei um bom tempo até chegar a esta fórmula, depois de muito variar combinações de farinhas e testar proporções de ovos, leite e que tais (se alguém quiser se aprofundar no tema, recomendo que procure os cursos e as receitas da professora paulistana Carla Serrano, uma craque no assunto). Vamos lá: se a massa não tem glúten, não forma a famosa rede proteica que permite o aparecimento de alvéolos e o volume típico do pão. E o maior desafio é simular esse efeito usando farinhas como as de arroz e aveia (fora outras opções, como milho, trigo-sarraceno etc.), que tendem a deixar a textura mais densa, fechada como um bolo. Como se obtém, então, uma massa mais elástica e aerada? Trabalhando com ingredientes como ovo e goma xantana (um polissacarídeo que atua como espessante e emulsionante, ajudando a reter o ar dentro da massa; é possível comprá-la em casas de produtos naturais). E, claro, usando proporções e técnicas adequadas. Este nosso multigrãos (você pode variar o mix de sementes) tem sabor muito agradável, além de uma boa estrutura. E, como você vai reparar, vários procedimentos são mais próximos da feitura de um bolo do que propriamente de um pão. Exemplos: vamos usar a batedeira, pela dificuldade de manipular a mistura; a massa irá direto para a fôrma, assim que trabalhada; e assaremos a 180 °C. Na hora de cortar, use uma faca de serra mais fina, bem afiada, e de preferência quando o pão não estiver mais tão quente.

ingredientes

- 200 G | 1⅓ XÍCARA (CHÁ) + 1 COLHER (SOPA) DE FARINHA DE ARROZ
- 100 G | 1 XÍCARA (CHÁ) DE FARINHA DE AVEIA
- 2 OVOS
- 250 ML | 1 XÍCARA (CHÁ) DE ÁGUA
- 50 ML | 3 COLHERES (SOPA) + 1 COLHER (CHÁ) DE AZEITE
- 20 G | 1½ COLHER (SOPA) DE AÇÚCAR
- 5 G | ½ COLHER (SOPA) DE GOMA XANTANA
- 5 G | ½ COLHER (SOPA) DE FERMENTO BIOLÓGICO SECO INSTANTÂNEO
- 6 G | 1 COLHER (CHÁ) DE SAL
- 20 G | 2 COLHERES (SOPA) DE SEMENTES DE GERGELIM
- 20 G | 2 COLHERES (SOPA) DE SEMENTES DE GIRASSOL
- 10 G | 1 COLHER (SOPA) DE KUMMEL (OU SEMENTES DE COMINHO)
- AZEITE A GOSTO PARA UNTAR A FÔRMA

1. Unte com azeite uma fôrma de bolo inglês de 22 cm × 10 cm (se preferir, utilize uma fôrma antiaderente).

2. Numa tigela pequena, quebre um ovo de cada vez e transfira para a tigela da batedeira — se um estiver estragado, você não perde toda a receita. Com um garfo, bata os ovos levemente, apenas para misturar as claras com as gemas. Junte a água e misture com uma espátula. Acrescente o açúcar e o fermento biológico e misture bem.

3. Adicione a goma xantana e as farinhas e misture. Por fim, acrescente o sal e as sementes e misture para incorporar todos os ingredientes. Agora, vamos passar para a batedeira, usando o gancho próprio para massas mais pesadas.

4. Bata em velocidade baixa por uns 2 minutos. Adicione o azeite em etapas, batendo a cada adição para incorporá-lo à massa. Ainda em velocidade baixa, bata a mistura por mais 10 minutos — de vez em quando, faça uma pequena pausa e, com a espátula, raspe a lateral da tigela e revolva bem a massa para que bata por igual.

5. Transfira a massa para a fôrma e nivele com a espátula. Cubra com filme (ou um pano de prato) e deixe descansar por 1 hora, até quase dobrar de tamanho.

Uma sugestão para aguardar esses 60 minutos? O episódio "Air", que trata de panificação, dentro da série *Cooked*, de Michael Pollan, produção da Netflix (assim você se inspira ainda mais e não desiste do glúten).

6. Passados os primeiros 30 minutos do descanso, preaqueça o forno a 180 °C (temperatura média).

7. Após o descanso, leve a massa ao forno para assar por cerca de 40 minutos, até crescer e dourar.

8. Retire do forno com cuidado e, assim que esfriar um pouco, desenforme o pão com delicadeza. Coloque sobre uma grelha e espere que ele esteja apenas morno, no mínimo, antes de cortar.

A generosidade do padeiro

Peço desculpas se estiver sendo repetitivo. Mas não perderei nenhuma chance de reafirmar os cinco ingredientes essenciais do pão: farinha(s), água, fermento, sal e... paciência. Sim, paciência, não apenas para esperar os processos, aguardar os tempos. Paciência também para se aperfeiçoar, para repetir. Só que aí a paciência precisa de duas ajudas importantes. Uma, da persistência; outra, da capacidade de se perdoar, de aceitar o erro como parte do aprendizado.

Faço contato com as pessoas em aulas, palestras, eventos. Troco ideias pelas redes sociais. Recebo mensagens dos jeitos mais variados. E quer saber alguns dos termos mais utilizados nas conversas, especialmente na hora de tirar dúvidas? Fracasso, frustração, incapacidade, desistência, desespero, inconformismo, desapontamento.

Fazer pão não precisa ser algo tão pesado assim. Eu sei, todo mundo quer acertar, quer logo ter seu pãozinho pronto e assado. Também penei muito para ficar satisfeito com alguma receita. Mas não vamos perder de vista que aquilo que estamos fazendo deveria ter mais a ver com curiosidade e diversão do que com martírio.

Quando alguém me diz que tentou três vezes, que o pão não ficou gostoso, e bateu uma tristeza enorme, uma vontade de desistir, conto que, até conseguir resultados, tentei também umas três... três centenas de vezes! Este livro é justamente para que as pessoas encurtem esse caminho, ainda que os tropeços sejam inevitáveis. Portanto, aprecie cada passo, tanto os prazerosos como os mais difíceis, pois eles são parte indissociável do processo. Lá na frente, será recompensador olhar para trás e ver a paisagem por outra perspectiva.

O que nos ensina e alerta é o erro, muito mais do que o acerto. E pude treinar e errar em casa, sem o medo de "expor socialmente" a falha, sem a pressão de precisar "exibir para a turma" o acerto. Faça da sua cozinha o seu laboratório de testes. Não se preocupe com julgamentos — mas ouça a opinião da família, dos amigos de carne e osso.

Assim sendo, gaste farinha, repita, observe, aconselhe-se, leia. Mas tenha paciência. Tenha persistência. Tenha concentração. E tenha generosidade para poder perdoar quando algo contrariar as expectativas (não será a primeira vez nem a última).

Lembre-se de que ninguém sai dominando tudo de primeira. E que a repetição com atenção leva ao aprimoramento. Aprendizagem não tem fim, todo dia a gente descobre algo novo, um jeito, um procedimento. Já que é assim, então: mais diversão e menos angústia, ok?

Pão de queijo

rendimento
CERCA DE 24 PÃEZINHOS

tempo estimado de preparo
50 MINUTOS A 1 HORA

organização do tempo
MISTURA DA MASSA
5 A 10 MINUTOS
ESFRIAMENTO E MODELAGEM
20 A 25 MINUTOS
FORNO
25 MINUTOS

Pão de queijo é assunto sério, principalmente em Minas Gerais. Defender a "fórmula verdadeira" ou o "jeito certo" de fazê-lo é como proclamar, na Itália, a supremacia e a correção desta ou daquela receita regional. Sempre haverá discussão, sempre haverá uma vasta quantidade de interpretações. Justamente porque a tradição mineira foi capaz de se ramificar em sutis diferenças a partir dos polvilhos, dos queijos, das gorduras, dos costumes de certas localidades. Dito isso, quero declarar que a minha versão une elementos diversos, que aprecio em vários estilos de pão de queijo. Há a massa mais macia, graças ao polvilho doce; há a massa mais extensível, "rendada" e aerada do polvilho azedo. Pois eu somei os dois, em partes iguais, e uso a técnica da escalda para melhorar a liga. Há debates sobre a gordura a ser usada, e, depois de vários testes (com manteiga, óleo, azeite), preferi a banha de porco. E o queijo? Bom, já escapei da polêmica do polvilho, não vou me meter a criar uma nova dentro do riquíssimo arco dos laticínios das Minas Gerais... Mas gostei em especial do resultado com o meia cura da Serra da Canastra. Como ficou? Um pão de queijo com mordida, um tanto crespo, mas ao mesmo tempo leve e bastante saboroso. Espero que vocês gostem — e que os mineiros, particularmente, perdoem minha petulância.

ingredientes

- 125 g | 1 xícara (chá) + ½ colher (sopa) de polvilho doce
- 125 g | ½ xícara (chá) + ⅓ de xícara (chá) de polvilho azedo
- 150 g | 1⅓ xícara (chá) de queijo mineiro meia cura (se for um da Serra da Canastra, tanto melhor) ralado grosso
- 2 ovos
- 240 ml | 1 xícara (chá) de água
- 50 g | ¼ de xícara (chá) de banha de porco
- 5 g | 1 colher (chá) de sal
- óleo a gosto para untar a assadeira (ou azeite)

1. Numa panela grande, coloque a água, a banha e o sal e leve ao fogo médio para ferver. Enquanto isso, numa tigela também grande, misture os dois tipos de polvilho.

2. Assim que a água com banha ferver, apague o fogo e acrescente o polvilho, mexendo com uma colher grande (pode ser de pau) para incorporar. Misture até que o polvilho esteja bem escaldado e a massa pareça homogênea — não precisa mexer demais.

3. Despeje a massa na tigela e deixe amornar por cerca de 15 minutos — a massa é bem densa, mexa de vez em quando para ela tomar ar por igual.

4. Enquanto isso, preaqueça o forno a pelo menos 220 °C (temperatura alta) e aproveite para ralar o queijo na parte grossa do ralador.

5. Quando a massa estiver morna, adicione os ovos: numa tigela pequena, quebre um ovo de cada vez e junte à massa — se um estiver estragado, você não perde a receita. Misture bem com a colher a cada adição para incorporar — se preferir, misture com as mãos. Acrescente o queijo ralado e misture bem.

6. Unte uma assadeira grande com óleo (se preferir, utilize uma assadeira antiaderente). Organize a sua bancada para modelar os pães de queijo: de um lado, a tigela com a massa e uma colher de sopa; à sua frente, um pires com um pouco de óleo (ou azeite); do outro lado, a assadeira.

7. Unte as mãos com óleo, retire uma colherada da massa e modele uma bolinha, rolando-a com a palma das mãos. Comprima de leve, gire, para ficar como uma bolinha de pingue-pongue — embora com textura mais crespa, mais rústica. Coloque a bolinha na assadeira e repita com o restante da massa, deixando espaço entre elas — os pães de queijo quase dobram de tamanho.

8. Leve ao forno para assar por 25 minutos ou mais, até dourar. Retire do forno e, sim, claro, pode comer quentinho.

Gougères

ou *choux au fromage*

rendimento
CERCA DE 20 PÃEZINHOS

tempo estimado de preparo
EM TORNO DE 1 HORA

organização do tempo
PREAQUECIMENTO DO FORNO
15 A 20 MINUTOS
MISTURA
5 A 10 MINUTOS
MODELAGEM
10 MINUTOS
FORNO
25 MINUTOS

Gougères *ou* choux au fromage? *São nomes diferentes para a mesma especialidade francesa: uma base de* pâte à choux *(como a massa dos profiteroles, por exemplo), porém salgada e com queijo. Gosto da ideia de que exista uma equivalência entre ela —* gougère *é feminino — e o nosso pão de queijo, ainda que em estilos diferentes. Ambos são escaldados, contêm gorduras, ovos, queijos. Mas os* choux *levam farinha de trigo (não o polvilho) e são mais temperados. Surgida na Borgonha, a* gougère *é preparada não apenas para a hora do lanche, com chá, mas também está presente nas entradas, acompanhando sopas, terrines, ou quase como um pãozinho de* couvert. *Como no caso do seu correspondente mineiro, as opções de queijo para a receita são inúmeras. Os franceses geralmente preferem utilizar o queijo gruyère. Porém ela funciona bem com exemplares parecidos, macios e de sabor levemente adocicado. Se quiser um pãozinho de textura mais crespa, guarde um pouco do queijo ralado para polvilhar antes de assar.*

ingredientes

- 100 G | ¾ DE XÍCARA (CHÁ) DE FARINHA DE TRIGO
- 180 ML | ¾ DE XÍCARA (CHÁ) DE LEITE
- 100 G | ½ XÍCARA (CHÁ) DE MANTEIGA
- 3 OVOS
- 100 G | 1 XÍCARA (CHÁ) + 2 COLHERES (SOPA) DE QUEIJO GRUYÈRE RALADO GROSSO
- 3 G | ½ COLHER (CHÁ) DE SAL
- PIMENTA-DO-REINO MOÍDA NA HORA A GOSTO
- NOZ-MOSCADA RALADA NA HORA A GOSTO

1. Preaqueça o forno a 200 °C (temperatura média) 20 minutos antes de começar o preparo. Unte uma assadeira grande com manteiga (se preferir, utilize uma assadeira antiaderente, papel próprio para assar ou uma tela de silicone).

2. Passe o queijo pela parte grossa do ralador — se quiser um pãozinho com textura mais crespa, reserve 2 colheres (sopa) do queijo ralado para polvilhar na hora de assar.

3. Numa panela média, coloque o leite e a manteiga e leve ao fogo médio. Adicione o sal, a pimenta e a noz-moscada. Quando começar a ferver, diminua o fogo e acrescente a farinha, misturando sem parar com uma espátula, para que tudo fique bem agregado e não restem grumos pelas bordas. Mexa bem por 3 minutos, até que a massa pareça um pouco mais seca, inclusive no fundo da panela.

4. Transfira a massa para uma tigela grande e continue mexendo com a espátula, até amornar.

5. Numa tigela pequena, quebre 1 ovo e transfira para a tigela com a massa — dessa forma, se ele estiver estragado, você não corre o risco de perder toda a receita. Mexa vigorosamente com a espátula até o ovo incorporar à massa e ela ficar mais lisa. Repita o processo com os outros 2 ovos.

6. Junte o queijo ralado, sempre mexendo, até que fique bem incorporado.

7. Para modelar as *gougères*: pegue uma colher (sopa) da massa e, com a ajuda de outra colher, modele uma bola — ela vai ficar rusticamente irregular, com cerca de 4 cm de diâmetro. Com cuidado para manter o formato, disponha a bola na assadeira untada. Outra possibilidade é usar um saco de confeiteiro, que dará um acabamento melhor e garantirá um padrão de formato: posicione a ponta do saco de confeiteiro próxima da assadeira e aperte até formar uma bola. Pare de apertar e puxe num movimento seco para cortar a massa.

8. Repita a operação com o restante da massa, deixando espaço entre as bolas na assadeira — lembre-se de que as *gougères* vão crescer no forno. Caso tenha reservado o queijo ralado no início da receita, polvilhe os pãezinhos com ele. Lembre-se: a receita rende cerca de 20 unidades.

9. Leve ao forno para assar por 20 a 25 minutos, ou até que fiquem bem dourados. Atenção: evite abrir o forno nos primeiros 15 minutos, para que eles não murchem. Retire do forno, mas não mexa na assadeira até que esfriem um pouco. Depois, pode servir.

Esfiha

ao estilo de Baalbek

rendimento

12 ESFIHAS

tempo estimado de preparo

ENTRE 1H40 E 2 HORAS

organização do tempo

MISTURA E SOVA

10 MINUTOS

PRIMEIRA FERMENTAÇÃO

1 HORA (PREPARE O RECHEIO

ENQUANTO ESPERA)

RECHEIO

15 MINUTOS

MODELAGEM

10 A 20 MINUTOS

FORNO

20 A 25 MINUTOS

ingredientes

PARA A MASSA

- 250 G | 1¾ XÍCARA (CHÁ)
DE FARINHA DE TRIGO
- 150 ML | ½ XÍCARA (CHÁ) +
2 COLHERES (SOPA) DE ÁGUA
- 5 G | 1 COLHER (CHÁ) DE AÇÚCAR
- 3 G | ½ COLHER (CHÁ)
DE FERMENTO BIOLÓGICO
SECO INSTANTÂNEO
- 3 G | ½ COLHER (CHÁ) DE SAL
- 30 ML | 2 COLHERES (SOPA)
DE AZEITE EXTRAVIRGEM

A popularidade da esfiha em nosso país é algo de impressionar. Não apenas em cidades com imigração árabe numerosa, mas em todos os cantos. O quitute extrapolou as fronteiras da colônia e talvez só perca para a pizza em sucesso de público. É evidente que poucos preparam a especialidade segundo as raízes sírio-libanesas. Afinal, esfiha virou até fast-food. O que vou sugerir aqui, no entanto, é um retorno às origens: uma receita ao estilo de Baalbek, antigo centro da civilização fenícia, no Líbano. O que significa fazer o recheio com carne de cordeiro moída, como os libaneses, uma vez que bois e vacas são escassos naquela região. E usar um pouco de pinoli, como manda a tradição (os pinhõezinhos trazem um sabor a mais e tornam a mastigação mais divertida). É óbvio que você também pode optar por um corte bovino, como é mais comum por aqui. Mas procure manter a essência da preparação nos temperos, no jeito de trabalhar a carne e inclusive no formato: aberta, como uma estrela de quatro pontas.

Para a massa

1. Numa tigela grande, misture a água com o açúcar e o fermento biológico. Acrescente a farinha, de uma só vez, e misture bem com uma espátula para incorporar. Misture o sal, aos poucos, em pitadas. Por último, junte o azeite e misture novamente.

2. Depois que estiver tudo bem agregado, comece a trabalhar a massa com as mãos. Essa é uma massa bem macia, e a quantidade de farinha não é grande. Será fácil sovar por 10 minutos, na tigela ou numa bancada levemente enfarinhada.

3. Modele uma bola com a massa, acomode-a na tigela e cubra com um pano (ou filme). Deixe descansar por 1 hora, até a massa dobrar de volume.

4. Quando transcorrer a primeira meia hora, preaqueça o forno a 220 ºC (temperatura alta). Aproveite também para preparar o recheio.

PARA O RECHEIO E A MONTAGEM

- 300 G DE CARNE DE CORDEIRO MOÍDA FINAMENTE (DA PALETA, POR EXEMPLO); OU BOVINA (COMO PATINHO OU COXÃO DURO)
- 1 TOMATE
- ½ CEBOLA
- PIMENTA SÍRIA A GOSTO (SUGIRO ½ COLHER DE CHÁ)
- SAL A GOSTO (SUGIRO 1½ COLHER DE CHÁ)
- PIMENTA-DO-REINO MOÍDA NA HORA A GOSTO
- 1 COLHER (SOPA) DE PINOLI (OPCIONAL)
- FUBÁ MIMOSO (OU FARINHA DE TRIGO) A GOSTO PARA POLVILHAR A BANCADA

Para o recheio e a montagem

1. Com o descascador de legumes, tire a pele do tomate e corte em quartos. Descasque e corte a cebola ao meio. Transfira os legumes para o processador de alimentos (ou mixer) e bata até formar uma pasta (se não tiver um processador ou mixer, sobre uma tábua, pique fino o tomate e a cebola. Misture para formar uma pasta).

2. Numa tigela, misture a carne com a pasta de cebola e tomate. Tempere com sal, pimenta-do-reino e pimenta síria. Junte os pinoli e misture bem. Modele a carne em 12 bolinhas de cerca de 4 cm de diâmetro, como se fossem almôndegas. Transfira para uma travessa. Reserve.

3. Transfira a massa para a bancada polvilhada com fubá e, com as mãos, aperte delicadamente para aplainar e eliminar o ar. Com a espátula de padeiro (ou faca), corte a massa em 12 pedaços iguais e enrole uma bolinha com cada um (se quiser um resultado mais preciso, use uma balança).

4. Polvilhe a bancada com fubá e, com um rolo, abra cada porção de massa num círculo de cerca de 10 cm de diâmetro — lembre-se de sempre polvilhar a bancada e a massa com fubá durante o processo, ele dá uma textura extra à superfície da esfiha. Se preferir, utilize farinha de trigo. Para um resultado mais rústico, você pode abrir a massa com as mãos.

5. Para modelar a esfiha aberta em estrela de quatro pontas: coloque uma bolinha de carne no centro de um disco de massa. Olhando para o disco, pense numa estrela imaginária de quatro pontas formada por um eixo vertical e horizontal. Visualizou? Então, puxe as pontas do primeiro eixo, simultaneamente, uma de cada lado da bolinha, usando os polegares e os indicadores, num movimento para cima. Você vai unir os dois lados da massa, apertando um contra o outro, fechando as extremidades e, ao mesmo tempo, fazendo com que parte da massa cubra a bolinha de carne. Agora, repita o mesmo movimento com o outro eixo. As bordas da massa se unem, terminando de fechar a carne dos lados — só o topo da bolinha fica descoberto. O que teremos, no fim: uma esfiha com quatro pontas, uma abertura no centro, a carne à mostra.

6. Transfira a esfiha para uma assadeira grande antiaderente (se preferir, unte a assadeira com óleo ou utilize papel próprio para assar) e repita a montagem com o restante, sem pausas, para que a carne não umedeça demais a massa das esfihas prontas.

7. Leve a assadeira ao forno preaquecido e deixe assar por 20 minutos, até que a massa fique bem dourada. Retire do forno e deixe esfriar por alguns minutos antes de servir (para você não se queimar na primeira mordida e para que os líquidos voltem à carne).

PÃES DE ATÉ 2 HORAS

CAPÍTULO 3

pães de até
4 horas

Braçal, manual, analógico

Quando dou aulas de pão, sempre há um momento em que o assunto recai sobre a sova manual e a possibilidade de usar algum equipamento de apoio (em especial, por causa da preguiça de trabalhar a massa). Sim, claro que é possível usar a batedeira — muita gente prefere, inclusive por causa do resultado. Em algumas receitas, a propósito, ela de fato é necessária. Mas abordo o tema por outro prisma e faço uma pergunta marota: "Quem, aqui, tem alguma profissão que exija esforço braçal?". Poucos se apresentam.

Sigo adiante, modificando a questão. "Quem tem profissão manual?" Alguns respondem afirmativamente coisas como artesanato ou doçaria... E vou além. "Quem trabalha com números, com gestão?" Então, os demais se manifestam. Qual o meu ponto? A maioria de nós só lida com abstrações. Listas, ideias, planos, planilhas. Não sujamos mais as mãos, não mexemos em nada. Fugimos do pneu furado, dos pequenos reparos em casa. Fazer pão, em resumo, para a classe média nascida e criada nas grandes cidades, tornou-se um dos nossos poucos contatos com o concreto, com o palpável (jardinagem e cerâmica são outros exemplos).

Misturar, sovar, dobrar e modelar têm funções terapêuticas para mim, que sempre trabalhei com informações e, geralmente, correndo contra o tempo, em situações estressantes. E o pão me ajuda a reaprender a esperar, a conter a ansiedade. Tem sido assim desde a década de 1990, quando comecei a me arriscar pelas massas, e segue talvez com mais intensidade — hoje, nosso cotidiano é digital. Estar conectado o tempo todo, usar aplicativos para tudo, ter acesso a um mundo de estímulos, tudo isso tem um lado muito interessante. Mas que nos afasta do tátil, de texturas, cheiros.

Cozinhar a partir de ingredientes *in natura*, de modo geral, nos preserva dentro da realidade analógica, por assim dizer. E fazer pão, a meu ver, leva essa sensação ao nível mais alto: pois estamos ali, fisicamente, sentindo temperaturas, nos afligindo (ou não) com aquilo que é pegajoso, testando a coordenação motora fina, suando. Somos nós, não um perfil virtual, não um avatar. São os nossos sentidos entrando em sintonia com nosso alimento, e por intermédio das ferramentas mais sofisticadas e versáteis que o engenho da natureza pôde produzir até hoje: as mãos.

Pão francês

rendimento
10 PÃES

tempo estimado de preparo
CERCA DE 3 HORAS

organização do tempo

MISTURA E SOVA
15 MINUTOS

PRIMEIRA FERMENTAÇÃO
1 HORA

PRÉ-MODELAGEM
10 MINUTOS

MODELAGEM E SEGUNDA
FERMENTAÇÃO
1H10

FORNO
20 A 25 MINUTOS

ingredientes

- 500 G | 3½ XÍCARAS (CHÁ) DE FARINHA DE TRIGO
- 300 ML | 1¼ XÍCARA (CHÁ) DE ÁGUA
- 20 G | 1½ COLHER (SOPA) DE BANHA DE PORCO
- 5 G | ½ COLHER (SOPA) DE FERMENTO BIOLÓGICO SECO INSTANTÂNEO
- 7 G | ½ COLHER (SOPA) DE AÇÚCAR
- 10 G | 2 COLHERES (CHÁ) DE SAL
- FARINHA DE TRIGO A GOSTO PARA POLVILHAR A BANCADA
- ÓLEO A GOSTO PARA UNTAR A ASSADEIRA

Muita gente já conhece a história, mas é sempre divertido relembrá-la. O pãozinho francês, apesar do nome, é algo que só existe por aqui. Nem adianta procurá-lo nas boulangeries *parisienses. É uma criação/adaptação própria das nossas padarias, e a origem remonta ao século 19. O termo acabou virando o jeito de identificar o pão feito com farinha branca, mais leve e crocante, que simulava o estilo praticado na França. Numa época do Brasil em que o trigo era bem mais escasso, os filões geralmente eram preparados com diferentes farinhas misturadas, elaboradas com as sementes e leguminosas disponíveis, resultando em pães mais escuros e densos. Sem contar, claro, que os derivados do milho e da mandioca (broas, beijus etc.) eram também muito presentes no cotidiano. Contudo, aquele exemplar pequeno, de miolo mais claro e casca mais quebradiça, acabou se tornando um produto altamente popular, campeão de vendas. Conhecido em alguns lugares como pão de sal, ele é o preferido da maioria para comer com manteiga e fazer sanduíches. Esta minha versão da receita leva em conta a fórmula clássica das padocas: uma base de farinha, água, fermento e sal, acrescida de açúcar e gordura. No meu caso, pelo sabor, pela textura, prefiro a banha (não torça o nariz; você vai ver como é muito melhor do que margarina, que, aliás, passa longe deste livro). Estudei as proporções até chegar a um pãozinho leve e equilibrado — e bastante fácil de fazer.*

1. Numa tigela grande misture a água com o açúcar e o fermento.

2. Reserve um pouco da farinha para acrescentar na hora da sova (cerca de ¼ de xícara de chá) e junte o restante à água, de uma só vez. Adicione o sal e misture bem com uma espátula para incorporar. Acrescente a banha, aos poucos, mexendo bem com a espátula a cada adição, até a massa absorver toda a gordura.

3. Quando todos os ingredientes estiverem bem misturados, comece a sovar: dentro da tigela, aperte, estique e dobre a massa, continuamente — durante a sova vá adicionando aos poucos a farinha reservada.

Lembre-se de que a boa estrutura de um pão como esse depende de uma sova bem-feita, para que a massa fique leve. Dedique 15 minutinhos a essa etapa, até a massa não grudar mais e ficar bem lisinha.

*Já sei, você está com receio da sova longa, com aquela sensação de que o tempo não vai passar. Gosta dos Beatles? Ouça, por exemplo, o álbum **Revolver**, as cinco ou seis primeiras músicas… E está pronta a sova.*

4. Quando a sova estiver concluída (*ficou boa mesmo ou você está com preguiça? Imagine que estou aí, xeretando por cima do seu ombro, de olho em tudo…*), modele uma bola com a massa na bancada e devolva para a mesma tigela. Cubra com um pano (ou filme) e deixe crescer por 1 hora, até aumentar em pelo menos ⅔ do volume.

5. Depois de 1 hora, polvilhe levemente a bancada com farinha — é pouquinho mesmo, quase um véu. Transfira a massa já crescida para a bancada e aperte levemente para achatar. Com uma faca (ou espátula de padeiro), corte a massa em 10 pedaços iguais. Se preferir, utilize uma balança para facilitar o porcionamento: seguindo as medidas da receita, cada pedacinho precisa ter em torno de 85 g.

6. Com as mãos, modele uma bolinha com cada pedaço de massa. Mantenha as bolinhas na bancada, cubra com um pano (ou saco plástico) e deixe descansar por 10 minutos — essa pré-modelagem é importante para amaciar o glúten e preparar a massa para o crescimento final; não é preciso colocar tensão no boleamento.

7. Antes de modelar os pães, polvilhe a bancada com uma camada fina de farinha e unte uma assadeira grande com um pouquinho de óleo (se preferir, utilize uma assadeira antiaderente).

8.

8. Para modelar os pães franceses: pegue uma bolinha e achate-a com as mãos (se preferir, utilize um rolo) até formar um círculo com cerca de 10 cm de diâmetro — não precisa ser um círculo perfeito, a ideia é que fique num formato mais oval. A partir da ponta mais fina, enrole o disco, como se fosse um rocambole. Ele ficará mais alto e gordinho no centro e mais fino nas pontas.

9. Feche bem a emenda, beliscando a massa de uma ponta à outra do rolinho. Com cuidado, transfira os pães para a assadeira, com a emenda para baixo. Repita com o restante, deixando cerca de 3 cm entre eles na assadeira — lembre-se de que a massa ainda vai crescer mais um pouco. Cubra com um pano (ou saco plástico) e deixe descansar por 1 hora.

10. Quando faltarem 30 minutos para o fim do descanso, preaqueça o forno a 220 °C (temperatura alta).

11. Antes de colocar a assadeira no forno, faça as pestanas: com uma lâmina bem afiada (ou estilete), faça um corte de ponta a ponta em cada pãozinho, com golpes ágeis e precisos, no sentido do comprimento. Dica: 5 minutos antes, descubra os pães para a massa dar uma secadinha e facilitar o corte.

12. Leve os pães para assar e borrife generosamente o interior do forno com água, criando uma bela nuvem de vapor, que vai ajudar a formar uma casca bem mais crocante. Feche a porta rapidamente e deixe assar por cerca de 20 minutos, ou até que os pães fiquem bem dourados.

13. Retire a assadeira do forno e, assim que os pães esfriarem um pouco, pode servir — sim, sim, pão francês pode comer quentinho.

Rabanada

rendimento
5 PORÇÕES

tempo estimado de preparo
30 MINUTOS

ingredientes
- 4 PÃES FRANCESES AMANHECIDOS
- 1 XÍCARA (CHÁ) DE LEITE
- 2 COLHERES (SOPA) DE AÇÚCAR
- 2 OVOS
- RASPAS DE LARANJA (OPCIONAIS)
- MANTEIGA PARA UNTAR A FRIGIDEIRA
- AÇÚCAR E CANELA EM PÓ A GOSTO PARA POLVILHAR

Obs.: você pode substituir as raspas de laranja por extrato de baunilha ou por uma colherada do licor de sua preferência.

Se um dos objetivos deste livro é sugerir receitas que caibam no seu dia a dia, no seu tempo disponível, dá para dizer que ele também dá mais liberdade para os seus apetites: por que esperar o Natal para comer chocotone e rabanada? Deu vontade, faça. Se o chocotone, por um lado, requer algumas horas, a rabanada é rapidíssima. Basta ter aqueles pedaços de pão que sobraram do dia anterior e organizar os ingredientes. E, dependendo do dia, você pode variar as notas de sabor com baunilha, algum licor... Com adição de creme inglês, então, passa da condição de lanche a sobremesa: já começa a virar um pain perdu, *a versão francesa da rabanada, geralmente feita com brioche amanhecido.*

1. Na diagonal, corte cada pão em 4 fatias grossas.

2. Numa tigela pequena, quebre um ovo de cada vez e transfira para um prato fundo (ou assadeira pequena) — se um estiver estragado, você não perde a receita. Bata com um garfo apenas para misturar as claras com as gemas. Misture o leite, o açúcar e as raspas de laranja.

3. Mergulhe na mistura de leite e ovos quantas fatias couberem de uma só vez na sua frigideira. Deixe que absorvam o líquido por cerca de 1 minuto e meio de cada lado — o tempo pode variar de acordo com a textura do pão: quanto mais amanhecido, mais tempo as fatias levam para ficar úmidas no centro.

4. Enquanto isso, leve ao fogo médio uma frigideira grande, de preferência antiaderente, para aquecer. Coloque 1 colher (chá) de manteiga na frigideira e gire para untar o fundo.

5. Levante as fatias de pão, deixando escorrer bem o líquido, e transfira para a frigideira. Doure por cerca de 2 minutos de cada lado — pressione levemente as fatias com a espátula para garantir uma casquinha crocante.

6. Enquanto a primeira leva de rabanadas está na frigideira, umedeça as próximas. Após cada leva, passe um papel-toalha na frigideira, para evitar que comece a queimar, e unte novamente com 1 colher (chá) de manteiga. Transfira as rabanadas douradas para uma travessa e repita esse balé até as fatias acabarem. Polvilhe com açúcar e canela e sirva.

Pão sírio

rendimento
DE 8 A 10 PÃES

tempo estimado de preparo
2H30

organização do tempo

MISTURA E SOVA
15 MINUTOS

PRIMEIRA FERMENTAÇÃO
1H30

PRÉ-MODELAGEM E SEGUNDA FERMENTAÇÃO
25 MINUTOS

MODELAGEM FINAL
5 MINUTOS

FORNO
3 A 5 MINUTOS

ingredientes

- 300 G | 2 XÍCARAS (CHÁ) + 2 COLHERES (SOPA) DE FARINHA DE TRIGO
- 180 ML | ¾ DE XÍCARA (CHÁ) DE ÁGUA
- 30 ML | 2 COLHERES (SOPA) DE AZEITE EXTRAVIRGEM
- 3 G | ½ COLHER (CHÁ) DE FERMENTO BIOLÓGICO SECO INSTANTÂNEO
- 6 G | 1 COLHER (CHÁ) DE SAL
- AZEITE A GOSTO PARA UNTAR A TIGELA
- FARINHA DE TRIGO A GOSTO PARA POLVILHAR A BANCADA

Dica: quer melhorar o resultado? Leve as assadeiras para preaquecer junto com o forno. Assim, ao colocar os discos de massa para assar, eles inflam mais rapidamente.

Entre os membros da numerosa família dos pães chatos, o pita é um dos mais famosos. Começou a aparecer na Europa e na América a partir dos movimentos migratórios do século 19, com as famílias que saíam do Líbano, da Síria, dos países sob domínio do Império Otomano. E se tornou popular graças à massa leve, à versatilidade para sanduíches — pode ser recheado ou enrolado — e para acompanhar todas as refeições. Na origem, há milhares de anos, era feito só de farinha e água. Mas a evolução da própria receita levou à adição de sal, de fermento e, eventualmente, de alguma gordura, como o azeite. O fato é que não existe uma fórmula canônica do pão pita (ou sírio, ou árabe). Mas há alguns elementos determinantes para sua identidade, como a modelagem de espessura fininha e a temperatura bem alta para assar (ou para fazer na chapa). Assim, a superfície seca rapidamente, e o pouco que há de gás da fermentação, na ausência de um miolo para se expandir, rapidamente cria a separação entre as duas faces, fazendo o pão inflar. Nesta receita, procurei manter as características de um pãozinho mais macio — e o azeite ajuda nisso. Se você gosta dele quase crocante, basta aumentar o tempo de cocção e deixar dourar/tostar mais.

1. Numa tigela grande, coloque a água e o fermento e misture com uma espátula.

2. Acrescente a farinha, de uma só vez, e mexa bem com a espátula para incorporar. Adicione o sal e misture novamente — a massa já vai estar mais firme; se preferir, misture com as mãos. Por último, junte o azeite e misture bem até a massa incorporar toda a gordura — nesse momento, parece que a mistura vai desandar, mas logo o azeite se incorpora à massa e ela retoma sua estrutura.

3. Dentro da própria tigela, comece a sovar com as mãos: aperte, dobre e estique a massa por 10 minutos, até ficar bem lisa e elástica. O resultado é uma massa tenra, gostosa de lidar. Se preferir, sove a massa sobre a bancada levemente enfarinhada.

PÃES DE ATÉ 4 HORAS

Em vez de ouvir três canções, você gostaria de ouvir um tema só durante a sova? Uma música de mais ou menos dez minutos? Pois eu proponho algumas. "Station to station", de David Bowie, "Hey Jude", dos Beatles, "Hurricane", de Bob Dylan. Pronto, já citei três. Agora, é com você.

4. Retire a massa da tigela e unte o interior com um pouco de azeite. Modele-a numa bola e volte para a tigela. Cubra com um pano (ou filme) e deixe descansar por 1h30, até dobrar de tamanho e ficar bem macia — é importante cobrir a tigela para não criar aquela "pelezinha" superficial na massa, típica do ressecamento.

5. Assim que tiver dobrado de tamanho, transfira a massa para a bancada enfarinhada. Com as mãos, aperte delicadamente para liberar o gás e aplaine a massa, formando um disco grosso. Com uma faca (ou espátula de padeiro), corte a massa em 8 ou 10 pedaços iguais, como se fossem fatias de pizza — pode até ser com um daqueles cortadores de lâminas redondas usados pelos pizzaiolos, assim as porções ficam do mesmo tamanho.

6. Modele uma bolinha com cada pedaço de massa, pressionando-a sobre a bancada (ou entre as mãos) para que fique bem lisinha e esticada. Coloque as bolinhas na bancada enfarinhada, cubra novamente com um pano e deixe descansar por 20 minutos — nesse período, a massa cresce mais um pouquinho e, principalmente, relaxa o glúten para que a abertura do disco fique mais fácil, sem aquele efeito "elástico".

7. Enquanto isso, preaqueça o forno a 220 ºC (temperatura alta) por, no mínimo, 30 minutos — caso

seu forno atinja 240 ºC ou 250 ºC, pode usar; quanto mais alta a temperatura, melhor.

8. Para abrir os pães: apoie uma bolinha sobre a bancada enfarinhada, polvilhe a massa com um pouco mais de farinha e, com um rolo, abra um disco fino de 15 a 20 cm de diâmetro e 1 a 2 mm de espessura — para manter o formato redondo vá girando a massa na hora de abrir. Mantenha os discos sobre a bancada, cobertos com um pano, até abrir todas as bolinhas.

9. Transfira para uma assadeira grande quantos discos couberem com folga, um ao lado do outro — polvilhe a assadeira apenas com uma leve camada de farinha, não é preciso untar com óleo ou manteiga. Caso seu forno seja grande, utilize 2 assadeiras para economizar tempo.

10. Leve a(s) assadeira(s) ao forno preaquecido e fique de olho: assim que os discos inflarem, o que deve levar aproximadamente 2 minutos, abra o forno e, com o auxílio de uma pinça, vire os pães. Deixe assar por mais 1 ou 2 minutos, até que dourem levemente. Transfira os pães assados para uma tábua (ou travessa) e repita com o restante da massa. Se preferir que os pães permaneçam mais macios, menos crocantes, mantenha-os cobertos com um pano de prato à medida que forem saindo do forno.

Pão de frigideira

Outra alternativa é preparar o pão sírio diretamente no fogo, usando uma frigideira média (ou uma chapa ou panela de ferro). Leve a frigideira ao fogo alto. Quando aquecer, coloque um disco de massa e deixe assar por cerca de 2 minutos, até inflar. Vire com uma pinça e asse por mais 1 minuto. Prepare um por vez.

Homus de beterraba

rendimento

6 PORÇÕES

tempo estimado de preparo

40 MINUTOS

ingredientes

- 1 LATA DE GRÃO-DE-BICO COZIDO
- 2 BETERRABAS
- 3 COLHERES (SOPA) DE TAHINE (PASTA DE GERGELIM)
- 3 COLHERES (SOPA) DE CALDO DE LIMÃO
- 3 COLHERES (SOPA) DE AZEITE EXTRAVIRGEM
- 1 COLHER (CHÁ) DE SAL
- ZÁTAR A GOSTO PARA SERVIR
- AZEITE EXTRAVIRGEM A GOSTO PARA SERVIR
- FOLHAS DE HORTELÃ E DILL A GOSTO PARA SERVIR (OPCIONAL)

A culinária judaica tem especial apreço pela beterraba. O que transparece tanto na tradição asquenaze, da Europa Central, em pratos como a substanciosa sopa borscht; como no receituário sefaradi, particularmente em Israel, em preparações como este homus de beterraba. A especialidade, conhecida no Brasil em sua versão mais clássica, com grão-de-bico e o inconfundível toque de tahine (a pasta de gergelim), ressurge aqui com o acréscimo da beterraba, que empresta sabor, textura e uma belíssima cor, capaz de alegrar qualquer mesa. E o pão tipo sírio, seu par natural? Você já sabe como fazer, certo?

1. Preaqueça o forno a 200 ºC (temperatura média).

2. Descasque e corte a beterraba em quartos.

3. Corte um pedaço grande de papel-alumínio de 35 cm × 40 cm, coloque os pedaços de beterraba no centro, una as pontas e dobre, formando uma trouxinha. Transfira para uma assadeira e leve ao forno para assar por cerca de 30 minutos, ou até que as beterrabas fiquem macias.

4. Retire a assadeira do forno e, com cuidado para não se queimar com o vapor, abra a trouxinha e deixe a beterraba amornar. Enquanto isso, abra a lata de grão-de-bico e passe por uma peneira, deixando escorrer bem a água.

5. No processador de alimentos (ou mixer), junte o grão-de-bico, as beterrabas assadas, o tahine e o caldo de limão. Bata bem para triturar os ingredientes — se necessário, pare de bater, raspe a lateral do processador e misture os ingredientes com uma espátula. Tempere com o sal, adicione 3 colheres (sopa) de azeite e bata mais um pouco, até formar uma pasta cremosa. Se preferir um homus mais lisinho, acrescente água filtrada aos poucos, de colher em colher, até atingir a textura desejada.

6. Transfira o homus para uma tigela, regue com um fio de azeite, polvilhe com zátar a gosto e sirva a seguir.

Vai fazer pão e quer aproveitar o forno?

Embale a beterraba cortada em quartos na trouxinha de alumínio e coloque para assar, durante o preaquecimento do forno a 200 °C (temperatura média). A diferença é que ela vai ficar com um sabor menos caramelado e pode demorar um pouco mais para ficar macia (35-40 minutos).

Pão de leite

rendimento

8 PÃEZINHOS

tempo estimado de preparo

CERCA DE 3 HORAS

organização do tempo

MISTURA E SOVA

10 MINUTOS

PRIMEIRA FERMENTAÇÃO

1H30

PORCIONAMENTO E

PRÉ-MODELAGEM

15 MINUTOS

MODELAGEM

5 MINUTOS

SEGUNDA FERMENTAÇÃO

30 MINUTOS

FORNO

25 MINUTOS

ingredientes

- 300 G | 2 XÍCARAS (CHÁ) +
2 COLHERES (SOPA)
DE FARINHA DE TRIGO
- 200 ML | ½ XÍCARA (CHÁ) +
⅓ DE XÍCARA (CHÁ) DE LEITE
EM TEMPERATURA AMBIENTE
- 15 G | 1 COLHER (SOPA) DE AÇÚCAR
- 3 G | ½ COLHER (CHÁ)
DE FERMENTO BIOLÓGICO
SECO INSTANTÂNEO
- 5 G | 1 COLHER (CHÁ) DE SAL
- 20 G | 1½ COLHER (SOPA)
DE MANTEIGA EM PONTO DE POMADA
- 1 GEMA DE OVO PARA PINCELAR
- FARINHA DE TRIGO A GOSTO PARA
POLVILHAR A BANCADA

Esta receita não é uma referência à tradição francesa do pain au lait — originalmente bastante amanteigado, quase um primo da brioche —, e sim uma revisita ao pãozinho que tantas mamães e vovós costumavam preparar para o lanche da tarde. Era bolinho de chuva, pão de minuto, pão de leite, bolo de fubá... Itens que, num estilo muito próprio, servidos juntos com café coado, não ficam nada a dever ao decantado afternoon tea dos ingleses, com seus scones, minissanduíches e eccles cakes. O que queremos aqui é um pão macio, sutilmente adocicado, para comer ainda morno, com manteiga, queijo, geleia... Sugiro uma modelagem em peças redondas, pequenas (8 unidades, com as medidas desta receita). Penso que, além de um porcionamento adequado, os pãezinhos ficam muito bonitos quando apresentados numa cesta ou arranjo. Mas, se você preferir, pode dividir a massa em 2 ou 3 porções e modelar pães no formato de minibaguetes — com 2 ou 3 cortes feitos na hora de enfornar, para o acabamento final.

1. Numa tigela grande, misture o leite com o fermento. Adicione o açúcar e misture novamente.

2. Reserve ¼ de xícara (chá) da farinha para adicionar na hora da sova e acrescente o restante aos ingredientes da tigela, aos poucos, misturando com a espátula para incorporar. Junte o sal e misture novamente.

3. Depois que os ingredientes estiverem bem incorporados, acrescente a manteiga aos poucos, misturando com a espátula a cada adição — revire a massa e dobre sobre ela mesma até que toda a manteiga seja incorporada.

4. Transfira a massa para a bancada e comece a sovar com as mãos, adicionando gradualmente a farinha reservada. Trabalhe bem a massa, durante 5 a 10 minutos, apertando, dobrando, esticando, até que fique bem macia e homogênea, sem grudar muito. Faça uma bola com a massa, volte para a tigela e cubra com um pano (ou filme plástico). Deixe descansar por 1h30, até a massa dobrar de volume.

118

CAPÍTULO 3

Sendo este um pão tão típico da hora do lanche, chame as crianças para ajudar, por que não? Nos momentos de descanso, passe o tempo com parlendas como a "Cadê?" e seu "Cadê o trigo que estava aqui?/A galinha comeu". Ou ainda o divertido poema-história da *Galinha Ruiva*, de Veronica S. Hutchinson, que queria a ajuda de seus amigos bichos para fazer um pão a partir da semente do trigo... Confesso: puxei pela memória as duas sugestões, que fizeram parte da minha infância.

5. Transfira a massa crescida para a bancada e aperte delicadamente com as mãos, para aplainar. Com uma faca (ou espátula de padeiro), divida a massa em 8 pedaços iguais (se preferir, use uma balança, cada um deve ter cerca de 70 g). Modele uma bola com cada pedaço — essa é uma pré-modelagem, isto é, não precisa se preocupar em bolear e fechá-la perfeitamente. Coloque sobre a bancada levemente enfarinhada, só para não grudar. Cubra com um pano (ou filme) e deixe descansar por 15 minutos. Se preferir, pode dividir a massa em até 3 partes e fazer pães no formato de minibaguetes.

6. Depois do descanso, vamos bolear as peças para que fiquem bem redondas, com a superfície mais esticadinha. Faça o gesto de alisar a bola, como se estivesse repuxando a superfície para a parte de baixo da massa, girando e repetindo o gesto (se preferir, use a própria bancada como anteparo, para moldar um pedaço bem redondo e lisinho). Transfira as bolinhas para uma assadeira grande antiaderente (ou forrada com papel próprio para assar) — deixe espaço entre elas, pois crescem ao assar. Para modelar os pães no formato de minibaguetes: achate levemente cada bola, formando um círculo. Enrole bem apertadinho como se fosse um rocambole e, com a ponta dos dedos, aperte bem a emenda, de uma ponta a outra. Transfira os pães para a assadeira com a emenda para baixo. Cubra de novo com o pano (ou plástico) e aguarde 30 minutos.

7. Enquanto isso, preaqueça o forno a 200 ºC (temperatura média).

8. Numa tigela, misture a gema com 1 colher (chá) de água e pincele sobre a superfície dos pães. Se tiver optado por modelar as minibaguetes, faça 3 cortes na superfície de cada uma, com uma lâmina (ou faca afiada), logo depois de pincelar.

9. Leve ao forno para assar por 15 minutos e observe: se estiver dourando demais, diminua a temperatura do forno para terminar de assar. Caso contrário, mantenha os pães por mais 10 minutos, até que ganhem um belo tom dourado.

10. Retire do forno, transfira os pães para uma grade e deixe esfriar. E, para os mais ansiosos, uma boa notícia: este aqui podemos comer ainda morno.

Geleia de morango com cardamomo

rendimento
400 G

tempo estimado de preparo
35 MINUTOS

ingredientes
- 500 G | 2 CAIXINHAS DE MORANGOS
- CALDO DE 1 LIMÃO
- ½ XÍCARA (CHÁ) DE AÇÚCAR CRISTAL
- 4 BAGAS DE CARDAMOMO

Amassar e assar o pão, aproveitar todas as sobras, fazer em casa os acompanhamentos para o filão. Sim, este livro também é sobre isso, sobre você ser quase autossuficiente (exagero meu?) dentro da sua cozinha. Mas acho que não dá para tratar de receitas artesanais, de produção doméstica, sem falar de geleias. E esta, de morango, é a essência da simplicidade, além de ficar uma delícia. O açúcar é na medida, o cardamomo dá um toque todo especial, e, como ela dura bastante tempo, se feita e armazenada adequadamente, vale a pena comprar uma boa quantidade de morangos quando estiverem em sua melhor estação — portanto, mais gostosos e mais baratos — e preparar vários potes.

1. Antes de começar a receita, coloque um pires no congelador — ele vai ser utilizado para verificar o ponto de cozimento da geleia.

2. Lave bem os morangos sob água corrente. Com uma faca pequena, descarte os cabinhos e corte os morangos em quartos. Transfira para uma panela média e reserve.

3. Abra as bagas de cardamomo, transfira as sementes para um pilão e bata bem para triturar. Junte o cardamomo ao morango, acrescente o caldo de limão e o açúcar e misture.

4. Leve a panela para cozinhar em fogo médio — o morango vai soltar o próprio caldo e o açúcar vai derreter. Assim que começar a ferver, abaixe o fogo e deixe cozinhar por cerca de 30 minutos, mexendo de vez em quando, para não grudar no fundo da panela. Pressione as frutas com a espátula para desmanchar os pedaços — os morangos ficam bem macios, e a geleia, encorpada e brilhante. Para verificar o ponto, coloque um pouco da geleia num canto do pires gelado e incline delicadamente: a geleia deve escorrer devagar pelo pires, com consistência de gel.

5. Desligue o fogo e, com uma concha, transfira a geleia ainda quente para um pote de vidro esterilizado, deixando cerca de 2 cm livres até a tampa. Feche o pote com a geleia e vire de ponta-cabeça para formar um vácuo. Mantenha nessa posição até esfriar.

Conservação
A geleia pronta, fechada a vácuo, dura até 2 meses em temperatura ambiente e até 6 meses no congelador. Após aberta, pode ficar até 1 mês na geladeira.

Pão para sanduíche

rendimento

1 PÃO DE CERCA DE 700 G

tempo estimado de preparo

CERCA DE 3 HORAS

ingredientes

- 500 G | 3½ XÍCARAS (CHÁ) DE FARINHA DE TRIGO
- 10 G | 1 COLHER (SOPA) DE FARINHA DE ARROZ
- 5 G | ½ COLHER (SOPA) DE GOMA XANTANA
- 5 G | ½ COLHER (SOPA) DE FERMENTO BIOLÓGICO SECO INSTANTÂNEO
- 300 ML | 1¼ XÍCARA (CHÁ) DE ÁGUA
- 10 G | 2 COLHERES (CHÁ) DE SAL
- 10 G | 2 COLHERES (CHÁ) DE MANTEIGA EM PONTO DE POMADA
- MANTEIGA A GOSTO PARA UNTAR A FÔRMA

É um pão de fôrma ou um pão de miga? Mas espere: o que é miga? É o miolo. Então, este aqui é um pão de miolo? Basicamente, sim — e se inspira naquele de massa branca, macia, servido sem casca e em fatias finas. Modalidade muito utilizada para sanduíches clássicos (o tramezzino *italiano, o* katsu sando *japonês, o* triple *argentino e outros mais), o pão de miga tem sua origem atribuída aos ingleses. Mas foi consolidado, mesmo, na Argentina. Aliás, se você quiser irritar um produtor dessa especialidade, basta confundi-lo com pão de fôrma: vai ouvir um sermão sobre as diferenças de textura e composição da massa. Mas o nosso, chamaremos de pão para sanduíche. Aqui, levei em conta que a maioria não dispõe daquelas fôrmas enormes, em formato de caixa retangular, próprias para a elaboração de fatias grandes. Calculei, então, uma quantidade adequada a uma fôrma de bolo inglês. Contudo, se você dispuser de assadeiras maiores, basta aumentar a receita, sempre respeitando a proporção entre os ingredientes. A manteiga e a goma xantana (um polissacarídeo que atua como espessante; é possível comprá-la em casas de produtos naturais) ajudam na maciez da massa. Aí, a criatividade para o recheio do sanduba fica por sua conta (queijos, embutidos ou a nossa sardela... as possibilidades são variadas e muito boas).*

1. Unte com manteiga uma fôrma de bolo inglês de 22 cm × 10 cm × 9 cm (se preferir, utilize uma fôrma antiaderente). Numa tigela grande, misture a água com o fermento. Em outra tigela, misture as farinhas e a goma xantana.

2. Junte a mistura de secos à água, incorporando tudo com uma espátula. Acrescente o sal, em pitadas, e misture tudo muito bem, até a massa ficar homogênea. Por fim, adicione a manteiga e misture, ainda com a espátula, até toda a gordura ser incorporada.

PÃES DE ATÉ 4 HORAS 125

organização do tempo

MISTURA E SOVA
15 A 20 MINUTOS
PRIMEIRA FERMENTAÇÃO
1 HORA
MODELAGEM E SEGUNDA
FERMENTAÇÃO
1 HORA (COM 2 SESSÕES DE "PRESSÃO"
SOBRE A MASSA, UMA AOS 15 MINUTOS,
OUTRA AOS 30)
FORNO
30 A 35 MINUTOS

3. Comece a sovar a massa com as mãos, na tigela mesmo. Ou numa bancada, se preferir. Sove por no mínimo 15 minutos, até mais, se possível. Vou explicar por quê: queremos que o pão fique bem macio, mas não com grandes alvéolos (por isso a goma xantana, que forma uma espécie de gel dentro da massa). O ideal é sovar para "cansar" um pouco mais o glúten, para que a textura interna seja macia e fofa, porém mais fechada e com boa liga.

4. Faça uma bola com a massa, volte para a tigela e cubra com filme (ou pano de prato). Deixe crescer por 1 hora.

5. Assim que a massa tiver praticamente dobrado de volume, despeje-a sobre uma bancada levemente enfarinhada. Com as mãos, aperte delicadamente a massa para aplainá-la e tirar o excesso de gás, formando um retângulo. A partir da base (lado maior do retângulo), enrole a massa sobre ela mesma, bem justinha, formando um rocambole.

6. Transfira a massa para a fôrma e aperte com as mãos, contra as paredes, para acomodá-la — assim ela fica bem ajustada na assadeira. Cubra com filme (ou pano de prato) e deixe descansar por 15 minutos.

7. Transcorrido o tempo, pressione a massa para baixo com as mãos, para conter os primeiros momentos de crescimento — lembre-se: queremos um pãozinho mais compacto do que inflado. Comprima a massa por igual, cubra e deixe descansar novamente por 15 minutos.

8. Repita a operação anterior: pressione, cubra e, agora, deixe descansar por 30 minutos. Enquanto isso, preaqueça o forno a 200 ºC (temperatura média).

9. Tradicionalmente, os pães de miga são produzidos em fôrmas "caixas", com tampas, para que não dourem demais no topo. Como é provável que você não tenha uma dessas, use papel-alumínio como cobertura: corte um retângulo de papel-alumínio um pouco maior que a fôrma, cubra a superfície (lado brilhante para dentro) e dobre o excesso para baixo, para fechar.

10. Leve ao forno e deixe assar por 35 minutos, até o pão ficar levemente dourado no topo — não precisa ter casquinha crocante, portanto não precisa usar vapor.

11. Retire do forno e, com cuidado, transfira o pão para uma grelha. Deixe esfriar completamente antes de fatiar. Quando estiver bem frio, se quiser, você pode cortar as cascas (mas nada de desperdício: elas podem ser comidas diretamente ou virar croûton, farinha de rosca...).

Agenda de viagem

Já montei muitos roteiros de viagem a partir dos restaurantes, das padarias, dos lugares onde desejava comer. Os demais passeios acabavam sendo consequência das paradas obrigatórias. Só para esclarecer, gosto de arte e de história, assim como aprecio longas caminhadas, com direito a me perder por ruas e por paisagens inexploradas. Não concebo uma viagem sem todo esse périplo cultural (e turístico). Mas, primeiro, preciso sempre saber: onde será o almoço? E o jantar?

Eu sei, não sou só eu, felizmente.

Transportando o método (ou a excentricidade?) para a vida cotidiana, em certas fases acabo planejando meus dias de acordo com os pães. Mesmo não sendo um padeiro profissional, com compromissos de entrega, organizo boa parte da agenda a partir da minha pequena produção. Pois faço testes, experiências, asso para a família, para os amigos, para consumo interno, para poder explicar a quem acompanha o meu trabalho, para levar em aulas. *Boulanger*? Panificador? Sou um comunicador do pão.

Traço projeções e estimo quando o pão precisa ficar pronto. De trás para a frente, faço as contas e vejo, de acordo com o clima e com meu tempo, quando deve acontecer cada uma das etapas. É exato como um relógio? Não, são estimativas aproximadas, mas funcionam. Sei que, digamos, uma primeira fermentação, num dia de temperatura amena, ficará boa em torno de x horas, pouco mais, pouco menos; ou que levará y minutos no forno. Vou somando, adaptando, e assim seguimos.

Normalmente, planejo a fornada levando em conta especialmente quando sairei de casa ou, ao menos, quando passarei em casa. Decido compromissos tendo como base as fermentações, as intervenções. E uso a geladeira nos momentos em que não estarei por perto.

Na prática, significa ajustar as pausas do trabalho, o lazer, as saídas inevitáveis para assuntos práticos. Exige atenção, mas não se transforma em tensão. Demanda organização, mas não se converte em coerção. Não é escravidão, mas libertação — afinal, é você que deve escolher os seus compromissos.

E vou contar uma coisa. Desde que aprendi a mensurar as quantidades de fermento, os descansos, as temperaturas, nunca mais precisei acordar no meio da noite, como fazia anos atrás, por um misto de ansiedade e inexperiência. Agora, nem mesmo esse trabalho o pão me dá.

Broa à portuguesa

rendimento
1 PÃO DE CERCA DE 700 G

tempo estimado de preparo
2H50 A 3 HORAS

organização do tempo

PARA ESCALDAR A FARINHA
DE MILHO
40 MINUTOS LIVRES

MISTURA
5 A 10 MINUTOS

PRIMEIRA FERMENTAÇÃO
1H30 LIVRES (NÃO É NECESSÁRIA
NENHUMA INTERVENÇÃO)

FORNO
35 A 40 MINUTOS

Quem já foi a Portugal, ou tem família de origem portuguesa, ou tem noção das paisagens do interior daquele país, certamente vai visualizar a cena: senhoras em casas de pedra tirando do forno a lenha broas fumegantes, redondas, bem assadas. Clássico da panificação lusitana, a broa (um termo que se refere ao pão rústico feito com as farinhas de milho e centeio, principalmente) tem miolo denso, encorpado, e sabor bem pronunciado. Seu parentesco com nossa broinha de fubá é evidente — embora com muitas diferenças. Esta é uma receita com baixo teor de glúten, considerando que: o milho não o tem; o centeio tem um glúten pobre; e a farinha branca está presente em pequena quantidade. E como vamos melhorar a liga da massa, como vamos amalgamar melhor os ingredientes? Com um recurso bem tradicional: escaldando antes a farinha de milho, sozinha, para que haja um pré-cozimento e uma primeira gelatinização do amido. Lembrando que se trata de uma farinha mais grossa (vendida também como sêmola de milho) do que o fubá. Outro procedimento bem característico dessa especialidade é a modelagem, em que a massa é balançada e girada numa tigela com bastante farinha, até que fique roliça e possa ir direto ao forno. Um pão para matar a saudade de Portugal — ou para viajar imaginariamente a terras e paisagens que fazem parte da identidade e das memórias brasileiras.

PÃES DE ATÉ 4 HORAS

ingredientes

- 300 g | 1½ xícara (chá) + ⅓ de xícara (chá) de farinha de milho (sêmola de milho, de moagem mais grossa que a do fubá, a mesma usada para fazer polenta)
- 100 g | 1 xícara (chá) de farinha de centeio
- 50 g | ⅓ de xícara (chá) de farinha de trigo
- 375 ml | 1½ xícara (chá) + 1 colher (sopa) de água
- 5 g | ½ colher (sopa) de fermento biológico seco instantâneo
- 8 g | ½ colher (sopa) de sal
- farinha de trigo a gosto para polvilhar

1. Numa tigela grande, coloque a farinha de milho. Acrescente aos poucos 200 ml (½ xícara de chá + ⅓ de xícara de chá) de água fervente, misturando com a espátula, até o líquido ficar bem incorporado, na consistência de cuscuz paulista. Agregue bem e comprima a mistura, para que a massa fique mais condensada. Deixe descansar por ao menos 40 minutos, até esfriar.

2. Junte a água restante (em temperatura ambiente) e o fermento biológico e mexa novamente. Acrescente a farinha de centeio, depois o sal, sempre misturando. Adicione a farinha de trigo aos poucos, enquanto trabalha a massa. A ideia não é sovar, mas deixá-la homogênea e macia — porém um pouco grudenta.

3. Faça uma bola com a massa, polvilhe a tigela com uma camada de farinha de trigo e acomode nela a massa. Polvilhe com mais farinha de trigo, cubra com um pano (ou saco plástico) e deixe fermentar por cerca de 1h30 — até que a massa cresça e fique com rachaduras por cima. Lembre-se de que o teor de glúten é baixo e que, pela própria falta de elasticidade, a massa vai se romper à medida que ganhar volume.

4. Passada a primeira hora, ligue o forno a 240 ºC (temperatura alta). Ele precisa ser preaquecido por meia hora.

6.

5. Depois de a massa ter crescido e ficando toda cheia de ranhuras na superfície, vamos modelá-la ao estilo das senhoras portuguesas, com outra tigela enfarinhada. E não haverá uma segunda fermentação: ela irá diretamente para o forno.

6. Com cuidado, passe a massa para outra tigela, já forrada com uma generosa camada de farinha de trigo. Comece a balançar e girar a tigela, como se estivesse usando uma peneira grande. A ideia é que esse gesto, feito repetidamente, vá dando o molde da nossa broa, deixando-a arredondada.

7. Quando ela estiver bem redondinha, vire-a sobre uma assadeira polvilhada com farinha de trigo (ou forrada com tela de silicone ou papel próprio para assar, para não grudar). Se preferir, preaqueça uma pedra de pizza junto com o forno e asse a broa diretamente sobre a pedra. Não precisa criar vapor.

8. Leve ao forno para assar por no mínimo 35 minutos, ou até a broa ficar bem crocante. Tire do forno e aguarde pelo menos até que ela esfrie um pouco e fique morna antes de comer.

Baguete

"da resistência"

rendimento

4 BAGUETES

tempo estimado de preparo

ENTRE 3H40 E 4 HORAS

organização do tempo

AUTÓLISE

30 MINUTOS

MISTURA E SOVA

10 MINUTOS

PRIMEIRA FERMENTAÇÃO

1H30, COM DOBRAS NA MASSA
A CADA 30 MINUTOS (ENTÃO,
FIQUE POR PERTO)

PRÉ-MODELAGEM

30 MINUTOS

**MODELAGEM E SEGUNDA
FERMENTAÇÃO**

35 MINUTOS

FORNO

25 A 30 MINUTOS

ingredientes

- 500 G | 3½ XÍCARAS (CHÁ) DE
FARINHA DE TRIGO
- 350 ML | 1⅓ XÍCARA (CHÁ) +
2 COLHERES (SOPA) DE ÁGUA
- 5 G | ½ COLHER (SOPA)
DE FERMENTO BIOLÓGICO
SECO INSTANTÂNEO
- 10 G | 2 COLHERES (CHÁ) DE SAL
- FARINHA DE TRIGO A GOSTO PARA
POLVILHAR A BANCADA

Finalizei esta receita num momento tenso do noticiário internacional: os atentados a Paris em 2015, quando até um bistrô foi atingido. Será que a ideia dos terroristas era agredir o modo de vida francês (inclusive o mundo da comida e da bebida) e tudo o que ele representa para o Ocidente? Era uma das hipóteses. Fiquei com isso na cabeça e imaginei que o melhor tipo de reação — dentro daquilo que, à distância, cada um pode fazer, silenciosamente — seria afirmar o apreço pela tradition française*. E, no calor dos fatos, minha humilde contribuição foi chegar a esta formulação bem clássica, com sovas, dobras, descansos e pré-modelagens. Por isso, batizei de baguete "da resistência". É uma receita que dá um pouquinho de trabalho e exige participação ativa do padeiro em várias etapas. Mas vale a pena: tanto empenho é para que o glúten seja bem manipulado, amaciado, gerando um pão bastante aerado por dentro, leve, como deve ser. E vai ficar uma delícia.*

1. Numa tigela grande, junte 320 ml (1⅓ xícara) do total de água e 430 g (3 xícaras + 1 colher de sopa) do total de farinha. Mexa, ligeiramente, com uma colher grande (ou espátula de silicone) e deixe descansar por meia hora. Essa pausa é a chamada autólise, importante para que a farinha absorva bem a água e facilite a formação do glúten.

2. Meia hora depois, num pote à parte, misture o fermento com o restante da água e adicione à tigela — raspe bem o fundo do pote com a espátula para não desperdiçar fermento. Misture bem, sempre com a colher. Aos poucos, agregue o sal e o que sobrou da farinha, reservando cerca de ¼ de xícara (chá) para acrescentar na hora da sova.

3. Comece a sovar, apertando, esticando e dobrando a massa. Trabalhe até que ela esteja homogênea, lisa, elástica e apenas levemente pegajosa. Durante a sova, para facilitar, vá adicionando a farinha reservada, mas não acrescente farinha extra. Sove por ao menos 10 minutos, melhor ainda se forem 15 (termine a sova na bancada, se achar mais prático). Modele uma bola com a massa, acomode-a na tigela e cubra com um pano.

Quer sovar sem ficar olhando para o relógio? Ouça três ou quatro canções. Yves Montand funciona bem, com alguns temas que remetem automaticamente a Paris. Minha sugestão: uma sequência com "Les grands boulevards", "Sous le ciel de Paris", "La bicyclette".

4. A massa vai descansar, ao todo, por 1h30. Mas com dobras intercaladas: depois dos primeiros 30 minutos, dobre a massa 4 vezes, com movimentos ágeis — puxe a massa, dobre sobre ela mesma e gire a tigela até dar uma volta completa. Você pode usar a mão, levemente molhada, ou uma espátula de silicone. Deixe crescer mais 30 minutos, repita as dobras; por fim, mais 30 minutos (apenas o descanso).

5. Depois das dobras e do descanso, despeje a massa crescida sobre uma bancada. Aperte a massa delicadamente, para sair o ar. E não acrescente farinha (no máximo, uma pitadinha); queremos que a massa "respire" nessa etapa. Com uma faca (ou espátula de padeiro), divida a massa em 4 porções e faça uma bola com cada pedaço — essa etapa, chamada pré-modelagem, é importante para relaxar o glúten, que em breve será trabalhado um pouco mais. Se a massa estiver muito pegajosa, molhe um pouquinho as mãos; isso facilitará os movimentos, que devem ser ágeis, sem manipulação excessiva. E use a espátula como apoio, ela vai facilitar o manejo. Deixe as bolas na própria bancada, cubra com plástico e espere mais 30 minutos.

6. Passada meia hora, vamos modelar cada bola numa baguete — dessa vez, pode polvilhar a bancada com um pouquinho de farinha. Estique a massa, aperte-a até ficar alongada, porém ainda achatada. Puxe a massa pelas pontas para alongar. Depois, dobre os dois lados maiores e opostos da massa até o centro. Una as duas partes no meio e, com a ponta dos dedos, aperte bem para fechar a emenda. Quando terminar, role a massa sobre ela mesma, como se estivesse fazendo nhoque, para que a baguete fique com um formato bem regular, cilíndrico e comprido, com as extremidades mais pontiagudas — se necessário, polvilhe a bancada com um pouquinho mais de farinha.

7. Transfira as baguetes para uma assadeira grande antiaderente (se preferir, utilize uma tela de silicone ou polvilhe o fundo com uma camada de farinha), dando boa distância entre elas. Cubra-as com um pano e deixe descansar por 30 minutos.

8. Enquanto isso, aproveite para preaquecer o forno a 240 ºC (temperatura alta).

9. Após o tempo de crescimento final, com uma lâmina (ou faca bem afiada), faça 3 ou 4 cortes em cada baguete, levemente inclinados e mantendo um paralelismo. Memorize e treine o seguinte: no ponto onde termina um corte, paralelamente, é onde começa o próximo. Leve a assadeira ao forno, borrife fartamente os pães e todo o redor deles com água e feche rapidamente a porta — essa umidade é importante para criar uma casca bem crocante.

10. Asse, mantendo a atenção nas baguetes. Se seu forno atingir os 240 ºC e for estável, talvez elas fiquem prontas em 15 ou 20 minutos. Caso contrário, é provável que leve em torno de 25 a 30 minutos — ou até que fiquem douradas. Tire, deixe esfriar um pouquinho e... pode comer!

PÃES DE ATÉ 4 HORAS

Sardela

rendimento

CERCA DE 450 G

tempo estimado de preparo

30 MINUTOS

ingredientes

- 2 PIMENTÕES VERMELHOS
- ½ CEBOLA
- 2 DENTES DE ALHO
- 2 LATAS DE SARDINHA EM ÓLEO (125 G CADA)
- 8 FILÉS DE ANCHOVA
- 3 COLHERES (SOPA) DE EXTRATO DE TOMATE
- ½ COLHER (SOPA) DE SEMENTES DE ERVA-DOCE
- ¼ DE COLHER (CHÁ) DE PIMENTA CALABRESA EM FLOCOS
- 2 COLHERES (SOPA) DE AZEITE EXTRAVIRGEM
- SAL A GOSTO
- AZEITE EXTRAVIRGEM A GOSTO PARA SERVIR

Minha mãe faz sardela em casa. Se tiver sangue italiano na família, aposto que a sua (ou quem sabe um outro parente) também. E de um jeito sutilmente diferente, tenho certeza. Pois existem variações, interpretações, adaptações da receita, típica da Calábria, que virou quase sinônimo de antepasto — umas levam menos ou mais sardinha, outras reforçam este ou aquele tempero... Nesta nossa versão, temos a presença da sardinha e da anchova, e pimenta calabresa e erva-doce no coração dos temperos. E quem gentilmente cedeu a receita — de sua tia-avó! — foi a Carol Stamillo, chef da cozinha de testes do Panelinha. Minhas dicas, na hora de condimentar? Tomar cuidado com o sal, porque as anchovas e sardinhas, dependendo da marca, podem estar mais ou menos salgadas. Vá corrigindo, gradualmente. E adicionar mais ou menos pimenta, conforme seu gosto (com uma pitada, como sugerido aqui, fica apenas levemente picante).

1. Lave, seque e corte os pimentões ao meio, no sentido do comprimento. Descarte as sementes e corte as metades em fatias de 2 cm. Fatie a cebola em meias-luas de 1 cm de espessura. Corte as pontas e amasse os dentes de alho com a lateral da lâmina da faca, para descascar.

2. Leve uma panela média ao fogo médio. Quando aquecer, regue com o azeite, junte o pimentão, a cebola, o alho, tempere com uma pitada de sal e deixe cozinhar por 15 minutos, mexendo de vez em quando, até que os legumes estejam bem macios.

3. Enquanto isso, escorra o óleo da sardinha, descarte as espinhas e transfira os peixes para o liquidificador. Acrescente a anchova, as sementes de erva-doce, a pimenta calabresa e o extrato de tomate.

4. Assim que os legumes estiverem bem macios, transfira-os também para o liquidificador e bata até a mistura ficar lisa. Atenção: segure a tampa com um pano de prato para evitar que o vapor a empurre.

5. Volte a sardela para a panela (nem precisa lavar) e leve ao fogo baixo. Deixe cozinhar por mais 4 minutos, mexendo de vez em quando, para apurar os sabores e engrossar mais um pouco — lembre-se de que a sardela fica mais firme depois de fria. Prove e ajuste o sal.

6. Transfira para um pote e deixe esfriar em temperatura ambiente por no mínimo 1 hora antes de tampar e levar à geladeira. Na hora de servir, regue com azeite a gosto.

Pãozinho multigrãos

rendimento

20 PÃEZINHOS

tempo estimado de preparo

EM TORNO DE 3 HORAS

ingredientes

- 200 G | 1⅓ XÍCARA (CHÁ) DE FARINHA DE TRIGO
- 150 G | 1 XÍCARA (CHÁ) DE FARINHA DE TRIGO INTEGRAL
- 100 G | 1 XÍCARA (CHÁ) DE FARINHA DE CENTEIO
- 100 G | ¾ DE XÍCARA (CHÁ) DE MIX DE GRÃOS E SEMENTES VARIADOS (LINHAÇA, GIRASSOL, GERGELIM, QUINOA, AVEIA ETC.; RESERVE UM POUQUINHO PARA O ACABAMENTO, NA HORA DE MODELAR)
- 320 ML | 1⅓ XÍCARA (CHÁ) DE ÁGUA
- 5 G | ½ COLHER (SOPA) DE FERMENTO BIOLÓGICO SECO INSTANTÂNEO
- 10 G | 2 COLHERES (CHÁ) DE SAL

Farinhas escuras, fibras, grãos, texturas e sabores variados. Tudo isso concentrado num pãozinho simples e relativamente rápido de ser feito. O mix de grãos e sementes você faz conforme o seu gosto. Gergelim, quinoa, aveia, girassol, linhaça? Outros? A escolha é sua. Se preferir, deixe os grãos de molho antes de usá-los na receita, para que não absorvam muito da água durante o preparo. Outra técnica, para potencializar sabores, é aquecer os grãos e sementes numa panela ou chapa (sem gordura), para que fiquem levemente tostados. Por fim, gostei ainda da modelagem final, à qual cheguei brincando com formatos e variações para as pestanas tradicionais. Como ela é? Cada porção recebe um corte na diagonal, adquirindo um contorno quase de uma "gota" mais alongada (a pontinha, particularmente, fica ótima depois de assada).

1. Numa tigela grande, misture o fermento com a água.

2. Em outro recipiente, misture as farinhas, para deixar tudo mais homogêneo. Se quiser, reserve cerca de ¼ de xícara (chá) da farinha de trigo branca, para introduzir na hora da sova.

3. Adicione as farinhas à tigela com água, de uma só vez, e misture bem com uma espátula, até que os ingredientes fiquem bem agregados. Acrescente o sal e, em seguida, a mistura de sementes e grãos — reserve um pouco deles, digamos, ¼ de xícara (chá), para a decoração dos pães.

pães de até 4 horas

organização do tempo

MISTURA E SOVA
15 MINUTOS

PRIMEIRA FERMENTAÇÃO
1H30

PRÉ-MODELAGEM
10 A 15 MINUTOS

MODELAGEM E SEGUNDA FERMENTAÇÃO
50 MINUTOS

MODELAGEM FINAL
5 MINUTOS

FORNO
20 A 25 MINUTOS

4. Sove a massa com as mãos por 5 a 10 minutos, apertando, dobrando, esticando. Vá adicionando a farinha branca em pitadas, para facilitar. Raspe bem com a espátula o que estiver grudado na lateral da tigela.

5. Modele uma bola e mantenha na própria tigela. Cubra com filme e deixe a massa descansar por 1h30 num lugar sem calor e sem vento.

6. Depois do descanso, vire a massa sobre uma bancada de trabalho levemente enfarinhada. Com as mãos, aplaine a massa delicadamente, para que o gás se distribua. Com a espátula de corte (ou uma faca grande e afiada), porcione a massa em 10 pedaços iguais, de cerca de 90 g. Vamos fazer uma pré-modelagem e dar a cada porção um formato de *minibâtard*, de pãozinho alto e com volume — de leve, sem precisar fechar demais ou tensionar a massa. Cubra com um saco plástico, na bancada mesmo, e espere de 10 a 15 minutos.

7. Agora, vamos modelar. Achate um pedaço da massa, para que fique entre redondo e oval. Enrole o disco, como se fosse um rocambole. A massa vai ficar ovalada, mais alta e gordinha no centro. Com a ponta dos dedos, feche bem as emendas. E sabe os grãos e sementes reservados? Espalhe sobre a bancada e role o pãozinho sobre eles, como se estivesse empanando, para que possam aderir à massa e dar uma textura a mais ao pão. Repita a operação com todas as porções.

8. Transfira os pães, com a emenda para baixo, para uma superfície de descanso enfarinhada. Cubra com plástico para não ressecar e espere pelo menos 45 minutos.

9. Preaqueça o forno a 220 ºC por meia hora, no mínimo.

10. Passado o descanso, vamos dar o formato final. Pegue cada pãozinho e, com a espátula de metal (ou uma faca grande e afiada), corte cada porção de massa dando um golpe firme na diagonal. Esse jeito de cortar vai nos dar 2 porções iguais: numa ponta, o pãozinho fica mais arredondado; na outra extremidade, fica pontiagudo: um formato de gota, porém mais longa.

11. Acomode os pães numa assadeira grande, com o corte para cima, pois ele funcionará como uma pestana e vai abrir mais dentro do forno. Deixe espaço entre eles, pois vão crescer mais (se preferir, utilize 2 assadeiras).

12. Leve para assar e borrife todo o interior do forno, inclusive os pães, com água, para simular vapor. Feche rapidamente a porta e deixe assar por 20 a 25 minutos, até ficarem dourados. Retire do forno e transfira os pães para uma grelha para esfriar. Ok, ok, pode comer morno.

A era dourada

Nunca se comeu tanto pão bom nas grandes cidades brasileiras como agora. Jamais tivemos tanta gente interessada em farinhas de primeira linha, em fermentações bem-feitas, em produtos saborosos. Nunca se debateu tanto o assunto. É o que eu chamaria de idade de ouro do pão no País (ou, ao menos, uma primeira era dourada — com ou sem trocadilho, pode escolher).

Quem faz parte dessa cadeia virtuosa? Padeiros profissionais e amadores, cozinheiros, escolas, estudiosos, fornecedores, produtores e, especialmente, você — que gosta de pão e o consome, que busca informações em livros e em aulas, que arrisca fornadas caseiras, que exige mais qualidade dos produtos.

Há padarias tradicionais atualizando seus métodos, há novas casas trazendo oxigênio para o mercado. Há padeiras e padeiros talentosos que, mesmo sem estabelecimentos com sede física, têm produzido grandes fornadas, entregues em esquemas alternativos — como as chamadas assinaturas.

O que não significa, por outro lado, que não haja muito para evoluir. O nível geral ainda é baixo, a média nacional precisa ser melhor. Até por isso, creio, o consumo brasileiro está muito aquém do que ocorre em outros países. Por aqui, comemos cerca de 35 kg de pão por pessoa a cada ano. Na Argentina e no Uruguai, é quase o dobro. Na França e em Portugal, idem. No Chile, é o triplo. E nem dá para pensar em comparar com a Turquia, líder do ranking da Organização Mundial de Saúde (OMS), acima dos 130 kg per capita/ano.

A mesma OMS recomenda, pelo ponto de vista da boa nutrição, em torno de 60 kg anuais por pessoa. Chegaremos a isso? É difícil afirmar, mas acho que o panorama nacional só tem a evoluir. Mas com particularidades: não nos esqueçamos de que o Brasil é diverso e as culturas do milho e da mandioca são fortes em várias localidades, que passam muito bem com beiju de tapioca, pão de queijo, cuscuz (o nordestino, em especial) e outras delícias.

Especificidades brasileiras à parte, o fato é que ainda falta progredir na qualidade dos pães mais simples (o que parece contraditório com o que escrevi no começo do texto, mas não é). É preciso que a excelência já atingida por várias empresas e profissionais se irradie por outras praças além de nossas metrópoles. Estou propondo, então, uma sofisticação geral de um segmento que, em sua essência, deveria se manter popular? Não.

Eu me refiro a uma busca de produtos mais bem trabalhados, no tempo adequado, sem tantos aditivos para disfarçar a pobreza dos ingredientes, sem tantos conservantes artificiais — o que vale para muitas padocas e para os produtos industriais. Eu me refiro ao encantamento dos tabuleiros vistosos, carregados de pãezinhos, que saíam da cozinha de manhã, à tarde, e dominavam os balcões; ao cheiro de pão que chegava até a rua, abrindo o apetite da freguesia. Eu me refiro a um panorama, quem sabe romântico, com padarias menos parecidas com lojas de conveniência, com gôndolas menos dominadas pelas famigeradas pré-misturas.

Quem há de melhorar esse quadro? Profissionais e consumidores. Estudiosos e divulgadores. Todos os que integram o ciclo, enfim. Mas aprendi a olhar sempre em perspectiva, comparando passado e presente. E é alentador que tenhamos uma geração brilhante de padeiros, lidem eles com pequenas ou grandes escalas. Que o fornecimento de insumos tenha dado bons saltos em não muitos anos. Que escolas como a Levain, do Rogério Shimura, estejam disseminando conhecimento e formando mão de obra especializada. Que as universidades de gastronomia comecem a dedicar mais horas e módulos ao tema. Que a internet abrigue cada vez mais grupos devotados a discutir técnicas, ingredientes, receitas — como faz o Pão Rústico, por exemplo.

A multiplicação do conhecimento e o apuro do gosto, vamos admitir, têm crescido muito bem. Como se impulsionados pelas melhores leveduras.

Pão integral

rendimento

1 PÃO DE CERCA DE 900 G

tempo estimado de preparo

EM TORNO DE 4 HORAS

organização do tempo

AUTÓLISE

20 MINUTOS

MISTURA E SOVA

10 MINUTOS

PRIMEIRA FERMENTAÇÃO

1H40 (COM 2 SESSÕES DE DOBRAS A

CADA 20 MINUTOS; FIQUE POR PERTO)

MODELAGEM

5 MINUTOS

SEGUNDA FERMENTAÇÃO

45 MINUTOS

FORNO

45 MINUTOS

ingredientes

- 400 G | 2½ XÍCARAS (CHÁ) + ⅓ DE
XÍCARA (CHÁ) DE FARINHA DE TRIGO
- 200 G | 1⅓ XÍCARA (CHÁ)
DE FARINHA DE TRIGO INTEGRAL
- 420 ML | 1¾ XÍCARA (CHÁ) DE ÁGUA
- 5 G | ½ COLHER (SOPA)
DE FERMENTO BIOLÓGICO
SECO INSTANTÂNEO
- 12 G | 2 COLHERES (CHÁ) DE SAL
- FARINHA DE TRIGO A GOSTO PARA
POLVILHAR A BANCADA

"Luiz, você não tem aí um pão que fique cascudo, rústico? Dá logo essa receita!" Vocês não sabem como ouço perguntas desse tipo. E é claro que é possível produzir em casa um pão de fermento biológico com crosta grossa, crocante e tudo o mais. A receita a seguir, por exemplo, valoriza aspectos técnicos que contribuem para o desenvolvimento adequado da rede de glúten (autólise, dobras) e para uma cocção que proporcione uma bela crosta (na panela de ferro, aquecida em forno caseiro ligado no máximo). São passos e princípios básicos que, enfim, garantem um filão bem cuidado de ponta a ponta. E uma dica importante. O pão já ficará muito bom com a segunda fermentação em temperatura ambiente, tal qual descrito. Mas ficará ainda melhor se, depois de modelado, for direto para a geladeira, para maturar por algumas horas (você pode fazer isso na hora de dormir, por exemplo, e deixar para assar pela manhã).

1. Numa tigela média, coloque 400 ml (cerca de 1⅔ xícara) de água. Em outra tigela grande, coloque as farinhas de trigo branca e integral, passando-as pela peneira — a intenção não é reter farelos eventuais, mas oxigenar a massa e ajudar a desenvolver a rede de glúten. Caso parte do farelo fique retido na peneira, acrescente-o de volta à farinha.

2. Reserve 50 g (cerca de ⅓ de xícara) da mistura de farinhas para incorporar na hora da sova e misture o restante com a água. Mexa com uma espátula, do tipo pão-duro, até não ter grãos soltos. Cubra com um pano e deixe repousar por 20 minutos, para a autólise.

3. Passado o descanso, coloque o que restou da água numa tigela pequena, dilua o fermento e acrescente à mistura de farinha e água — não desperdice o fermento, raspe bem a tigelinha. Vá agregando, trabalhe a massa, beliscando-a, dobrando-a, para que a água com fermento seja incorporada. Parece que a mistura vai desandar, que a água ficará separada. Mas ela vai se amalgamar à massa aos poucos.

4. Comece a sovar, acrescentando aos poucos a farinha reservada. Junte o sal e continue sovando para misturar. Aperte a massa, puxando-a das pontas para o centro (vá girando a tigela), dobrando a massa sobre ela mesma. É uma massa bem hidratada, e completaremos o desenvolvimento do glúten fazendo dobras. Manipule por 5 minutos.

5. Faça uma bola e cubra a tigela com um pano (ou filme). Ponha num local sem sol e sem vento. Ao todo, ela vai crescer por 1h40. Mas, no começo, faremos dobras: aos 20 minutos e aos 40 minutos.

*Ah, esses intervalos de 20 minutos que deixam a gente ansioso... Meu conselho? Um livro com ensaios e reportagens inspiradores. **Deve ter sido alguma coisa que eu comi**, de Jeffrey Steingarten, tem textos sensacionais, entre eles "O pão que quase morreu", sobre a baguete francesa, e "A pizza perfeita". Programe um despertador para não perder as dobras e os descansos e aproveite.*

6. Passaram-se 20 minutos? Com a mão levemente umedecida, ou com o pão-duro, faça 4 dobras na massa, pegando do fundo, trazendo para cima e apertando sobre ela mesma, e girando a tigela para completar uma volta.

7. Espere mais 20 minutos e repita as dobras. Feito isso, vamos esperar mais 1 hora. Ela deve praticamente dobrar de tamanho em relação ao volume original.

8. Terminado o descanso, transfira a massa para uma bancada enfarinhada. Deixe que ela se espalhe e apalpe-a de leve, para tirar as bolhas. Vamos modelar uma *bâtard*, aquele formato levemente ovalado: contando a partir da borda que está mais longe de seu corpo, puxe um pedaço da massa em direção ao centro, usando a ponta dos dedos das duas mãos. Repita com o pedaço que está mais perto de você, de modo que as duas partes se encontrem. Com a ponta dos dedos, belisque a emenda para ficar bem fechada. Puxe também as duas extremidades, unindo-as à costura central, para deixar as pontas arredondadas.

9. Vire a massa, para que a emenda fique para baixo. Com as mãos, ou com a espátula, vá golpeando a massa levemente pelos lados, para deixar a superfície mais arredondada e mais esticada. Queremos uma *bâtard* roliça, bem tensionada por fora, bem ajustada.

10. Transfira a *bâtard* para um *banneton* enfarinhado, deixando a emenda para cima (se preferir, utilize um recipiente improvisado, que pode ser uma tigela ou cesto coberto por um pano, mas não esqueça de enfarinhar bem). Cubra com um saco plástico (ou pano) e deixe descansar por mais 45 minutos.

11. Recomendo que assemos esse pão dentro da panela (de ferro, preferivelmente). Coloque a panela com a tampa dentro do forno e preaqueça a 240 °C (temperatura alta) por 30 minutos — ou seja, você vai ligá-lo quando o filão completar 15 minutos da segunda fermentação.

12. Forno bem quente, pão crescido? Então, com luvas térmicas e muito cuidado, pegue a panela, que estará pelando, e retire a tampa.

13. Para ficar mais fácil de transferir o pão para a panela (e não se queimar na hora de fazer o corte), use um pedaço de papel próprio para assar recortado em tamanho um pouco maior do que o filão. Coloque o papel sobre o *banneton*, deixando o pão bem centralizado, e vire a massa de uma só vez sobre o papel. Imediatamente, com uma faca afiada (ou de serra, ou estilete), trace a pestana num movimento rápido, de ponta a ponta, com a lâmina levemente em ângulo.

14. Segure o papel pelas laterais (ou pelas pontas) e transporte para a panela quente com calma — sem jogar, mas também sem demorar. Coloque a tampa e leve ao forno.

15. Asse por 45 minutos, ou até ficar bem dourado. Mais ou menos na metade desse tempo (entre 20 e 25 minutos), abra o forno e destampe a panela, para que o pão pegue cor. Quando estiver bem assado e crocante, pode sacar do forno. Com uma pinça grande, tire o filão da panela e ponha sobre uma grade para que esfrie.

Obs.: *se quiser assar na assadeira, preaqueça o forno em temperatura alta, de 220 °C para cima, por 30 minutos. Na parte mais baixa do forno, coloque outra assadeira, vazia, só para esquentar e jogar água na hora de assar. Passados os 30 minutos, pegue a assadeira com a massa e faça a pestana: trace um corte com a lâmina em ângulo. Abra a porta do forno, coloque a assadeira e borrife todo o interior do forno, inclusive o pão, com água. Ou jogue um copo de água sobre a assadeira que está na parte de baixo, para criar uma nuvem de vapor. Feche o forno.*

Outra opção é colocar o pão na assadeira e cobrir com uma tigela grande de aço, conforme explicado na p. 42.

Farofa de pão com ovos

rendimento
SERVE 3 PESSOAS

tempo estimado de preparo
30 MINUTOS

ingredientes
- 2½ XÍCARAS (CHÁ) DE PÃO INTEGRAL AMANHECIDO TRITURADO
- 2 OVOS
- ½ CEBOLA
- 25 G DE MANTEIGA
- 2 RAMOS DE SALSINHA
- SAL A GOSTO

Fazer farofa "de pão" não era simplesmente uma solução para o dia em que não havia farinha de mandioca. Era uma escolha, pelo sabor, pela mordida. Ótima para rechear frango ou peru assado, mas também como guarnição, salteada com cheiro-verde, ervilhas, bacon, o que fosse. Se a farinha não viesse do pão que sobrava do dia anterior, minha mãe comprava na padaria, como farinha de rosca. Eu mesmo confesso que esse é um dos meus reaproveitamentos preferidos para o pão francês (ou baguete, ou até integral), e gosto muito destas duas versões, que variam apenas no jeito de utilizar os ovos. Numa, a proposta é que eles sejam mexidos, quase ao estilo das farofas que as churrascarias tanto apreciam. Na outra, a ideia é acrescentá-los cozidos previamente e picados, mantendo a farinha com uma textura mais crocante e com pedaços maiores. Em ambas, a cebola vai na base do tempero e a finalização é com salsinha bem fresca.

1. Leve uma panela pequena com água ao fogo alto. Quando ferver, mergulhe os ovos, abaixe o fogo e deixe cozinhar por 12 minutos.

2. Para triturar o pão, corte 3 ou 4 fatias em pedaços de cerca de 2 cm. Bata no liquidificador no modo pulsar, em duas etapas. Não se preocupe se os pedaços ficarem irregulares, isso dá textura à farofa.

3. Descasque e fatie a cebola em meias-luas finas. Lave, seque e pique grosseiramente a salsinha.

4. Assim que os ovos estiverem cozidos, transfira para uma peneira e esfrie sob água corrente. Descasque e corte-os em cubos de 1 cm.

5. Leve uma frigideira com a manteiga ao fogo médio. Quando derreter, adicione a cebola, uma pitada de sal e refogue por 5 minutos, até ficar bem macia. Junte o pão aos poucos, misturando com a espátula. Mexa por mais 5 minutos para o pão ficar crocante e levemente tostado.

6. Desligue o fogo, junte os ovos e a salsinha e ajuste o sal. Misture bem e sirva a seguir.

Versão com ovos mexidos

Em vez de cozinhar os ovos, bata-os levemente, apenas para misturar as claras com as gemas. Após o passo 5, acrescente os ovos batidos, tempere com sal e mexa rapidamente com uma espátula por cerca de 1 minuto. Mantenha no fogo por mais 2 minutos, mexendo de vez em quando, para que a farofa doure e fique crocante. Desligue o fogo, junte a salsinha, misture e sirva.

Pão de azeitonas

rendimento
1 PÃO COM CERCA DE 1 KG

tempo estimado de preparo
ENTRE 3H40 E 4 HORAS

organização do tempo
MISTURA E AUTÓLISE
20 A 25 MINUTOS
SOVA
5 MINUTOS
PRIMEIRA FERMENTAÇÃO
1H40 (COM 2 SESSÕES DE DOBRAS
A CADA 20 MINUTOS; PORTANTO
FIQUE POR PERTO, AO MENOS NOS 40
MINUTOS INICIAIS)
**MODELAGEM E SEGUNDA
FERMENTAÇÃO**
50 MINUTOS
FORNO
45 MINUTOS

ingredientes
- 600 G | 4 XÍCARAS (CHÁ) + ¼ DE
XÍCARA (CHÁ) DE FARINHA DE TRIGO
- 120 G | ⅔ DE XÍCARA (CHÁ) DE
AZEITONAS PRETAS (SEM CAROÇO)
- 420 ML | 1¾ XÍCARA (CHÁ) DE ÁGUA
- 6 G | ½ COLHER (SOPA)
DE FERMENTO BIOLÓGICO
SECO INSTANTÂNEO
- 10 G | 2 COLHERES (CHÁ) DE SAL

Sabor intenso por dentro, casca crocante por fora. É isso que buscamos nesta receita. A hidratação é de 70% e, para formar a rede de glúten, vamos começar com uma sova leve e depois utilizar a técnica das dobras. Recomendo adicionar as azeitonas no momento de modelar, mas por mero gosto pessoal — acho que elas tendem a amargar um pouco mais se inseridas já na primeira mistura da massa. Se você quiser, pode deixá-las (em pedaços grandes) de molho num pote com azeite e alecrim, ou outra erva fresca de sua preferência. Antes de colocá-las na massa, coe e depois enxugue bem, com papel absorvente. O melhor jeito de deixar o filão dourado e com bela crosta é assando na panela. Repare ainda que o sal da receita está um pouco abaixo dos clássicos 2% (em relação ao peso em farinha) que utilizamos em outras preparações. Justamente porque as azeitonas já tendem a ser salgadas.

1. Numa tigela grande, coloque 400 ml de água (1⅔ xícara de chá) em temperatura ambiente. Acrescente toda a farinha peneirada e misture bem com uma espátula, do tipo pão-duro, até não ter grãos soltos. Cubra e deixe repousar por 20 minutos, para a autólise.

Vamos nos concentrar durante a pausa para a autólise e criar uma atmosfera propícia para trabalhar a massa. Faça uma rápida playlist com músicas que tangenciem o assunto. Como "Drão", de Gilberto Gil. Ou "Panaderos flamencos", peça instrumental eternizada por Paco de Lucía. Ou um tema mais longo, "No bread", com o jazz vigoroso de Fela Kuti.

2. Passado o descanso, numa tigela pequena, misture o fermento com os 20 ml de água (4 colheres de chá) restantes. Acrescente a mistura à tigela com a farinha (não desperdice o fermento, raspe bem a tigelinha). Trabalhe a massa, beliscando-a, dobrando-a, para que a água com fermento seja incorporada. A massa é um tanto pegajosa. Se preferir, faça esse processo com uma espátula.

3. Junte o sal, distribuindo bem. Aperte a massa, puxando-a da ponta para o centro (vá girando a tigela), dobrando-a sobre ela mesma, com as mãos ou com a espátula. É uma massa bem hidratada, e completaremos o desenvolvimento do glúten fazendo dobras. Manipule por 5 minutos.

4. Faça uma bola e cubra a tigela com filme (ou um saco plástico grande). Ponha num local sem sol e sem vento. Ao todo, ela vai crescer por 1h40. Mas, no começo, faremos dobras: aos 20 minutos e aos 40 minutos.

5. Passaram-se 20 minutos? Com a mão levemente umedecida, ou com o pão-duro, faça 4 dobras na massa, pegando do fundo, trazendo para cima, girando a tigela. Cubra novamente, espere mais 20 minutos e repita as dobras.

6. Após a última dobra, cubra a massa e deixe descansar por mais 1 hora. Ela deve praticamente duplicar de tamanho em relação ao volume original.

7. Depois de 1 hora, vire a massa numa bancada, com um pouco de farinha para não grudar. Com as mãos, aplaine e abra a massa, afundando para distribuir o gás.

8. É agora que colocaremos as azeitonas. Confira se os caroços foram tirados, corte em pedaços grandes e, se estiverem muito molhadas, enxugue com guardanapo (para que não tragam muita umidade extra à massa). Distribua bem as azeitonas pela massa aplainada, para que o pão tenha uma quantidade homogênea de recheio em todas as suas partes.

9. Una as bordas da massa no centro, cobrindo as azeitonas, e, com a ponta dos dedos, aperte bem a emenda para selar. Vire a emenda para baixo e, com as mãos (ou com a espátula), boleie a massa, deixando a superfície mais roliça e mais

esticada — alise e repuxe a lateral da massa para baixo e gire ao mesmo tempo, usando a bancada como anteparo, ou vá golpeando a massa levemente pelos lados com a espátula. Queremos um pão redondo, bem fechado, com a massa esticada e lisinha.

10. Transfira o pão para um *banneton* enfarinhado com a emenda para cima (se preferir, utilize um recipiente improvisado, como uma tigela ou cesto, forrado com um pano — não esqueça de enfarinhar bem). Cubra e deixe descansar mais 45 minutos.

11. Recomendo assar esse pão dentro da panela de ferro. Passados 15 minutos do tempo do segundo descanso, coloque a panela dentro do forno e preaqueça a pelo menos 220 ºC (temperatura alta).

12. Meia hora depois, usando luvas e tomando cuidado, pegue a panela do forno e retire a tampa. Para transferir a massa para a panela (e não se queimar na hora de fazer a pestana), você pode usar um papel próprio para assar recortado em tamanho um pouco maior do que o pão. Vire a massa sobre o papel e, imediatamente, com a lâmina levemente em ângulo, faça um corte em *x* na superfície.

13. Segure o papel pelas laterais (ou pelas pontas) e coloque dentro da panela quente, com calma — sem jogar, mas também sem demorar. Coloque a tampa e leve ao forno para assar por 45 minutos, ou até ficar bem dourado. Na metade do tempo (22 ou 23 minutos), abra o forno e destampe a panela, para que o pão pegue cor. Tire do forno quando estiver bem dourado.

14. Remova o pão da panela, coloque sobre uma grelha e deixe esfriar completamente antes de cortar.

Pizza de Páscoa

rendimento

2 PÃES COM CERCA DE 400 G

tempo estimado de preparo

ENTRE 3H15 E 3H30

ingredientes

- 370 G | 2⅔ XÍCARAS (CHÁ) DE FARINHA DE TRIGO
- 3 OVOS
- 100 G | 1⅓ XÍCARA (CHÁ) DE QUEIJO PECORINO (RALADO FINO)
- 50 G | ⅔ DE XÍCARA (CHÁ) DE QUEIJO PARMESÃO (RALADO FINO)
- 120 ML | ½ XÍCARA (CHÁ) DE LEITE EM TEMPERATURA AMBIENTE
- 60 ML | ¼ DE XÍCARA (CHÁ) DE AZEITE DE OLIVA EXTRAVIRGEM
- 4 G | 1 COLHER (CHÁ) DE FERMENTO BIOLÓGICO SECO INSTANTÂNEO
- 4 G | 1 COLHER (CHÁ) DE SAL
- 1 PITADA DE PIMENTA-DO-REINO MOÍDA NA HORA
- 1 PITADA DE AÇAFRÃO EM PÓ (OPCIONAL)
- FARINHA DE TRIGO A GOSTO PARA POLVILHAR A BANCADA

Esta especialidade da Itália central, famosa em regiões como a do Marche, tem aparência de panetone, mas é salgada. Como se pode supor, ela é típica da Páscoa, não do Natal. Já o nome pode induzir a erro: não é uma pizza no sentido mais conhecido do termo, mas uma preparação mais próxima da torta (também chamada de crescia di Pasqua). *Soa confuso? Pois tem mais. Há quem defenda seu consumo no café da manhã, enquanto outros preferem ao longo do dia, acompanhando embutidos (a controvérsia é parte da alma italiana). Mas o fato é que esta receita é deliciosa: sua massa é macia, o queijo pecorino dá um toque inconfundível e pimenta e açafrão trazem uma incrível riqueza de sabor. Quem abriu meu olhos para a criação foi um legítimo cidadão marchigiano, nascido em Ascoli Piceno, o cuoco Mario Santoni. Eu estava em seu restaurante, tempos atrás, quando ele disse, como se dividisse um segredo: "Você, que pesquisa o pão, precisa preparar a* pizza di Pasqua. Não esquece". *Pois bem,* signore *Mario, busquei as referências, produzi várias fornadas e eis aqui minha versão. Só continuo na dúvida, contudo, sobre qual a melhor hora para comê-la. Cai muito bem ainda quente, no início da noite. E é ótima pela manhã, com os sabores já muito bem fixados.*

1. Numa tigela grande, misture o leite e o fermento com uma espátula. Se for usar o açafrão, esse é o momento: dilua-o no leite.

2. Numa tigela pequena, quebre um ovo de cada vez e transfira para um prato fundo — se um estiver estragado, você não perde a receita. Bata os ovos rapidamente com um garfo e misture ao leite com fermento.

3. Acrescente os queijos ralados (capriche na qualidade) e misture com uma espátula — os queijos passados no ralo fino se integram melhor à massa. Adicione a farinha quase toda, guarde apenas um pouco (20 g, ou 2 colheres de sopa, por exemplo) para adicionar na hora da sova. Misture bem para incorporar aos ingredientes. Já faça uma primeira manipulação, mais rápida, apertando e dobrando a massa sobre ela mesma com a espátula.

4. Junte o azeite de uma vez (um bom azeite, de preferência), mexendo bem com a espátula para incorporá-lo. Adicione sal e pimenta-do-reino a gosto — distribua bem os temperos pela massa.

organização do tempo

MISTURA E SOVA
10 MINUTOS

PRIMEIRA FERMENTAÇÃO
2 HORAS LIVRES (NÃO É NECESSÁRIA NENHUMA INTERVENÇÃO)

MODELAGEM E SEGUNDA FERMENTAÇÃO
30 A 35 MINUTOS

FORNO
25 A 30 MINUTOS

5. Comece a sovar, aperte e estique a massa delicadamente. Faça daquele jeito que já mencionamos no livro (p. 32): puxe uma ponta, aperte no centro usando o punho fechado. A massa é macia e sua textura é leve, sutilmente rugosa. Lembre-se de que você tem um pouco da farinha para ir adicionando. Trabalhe apenas o suficiente para que fique homogênea e bem misturada, uns 5 minutos. A rede de glúten, nesse caso, será menos importante, já que teremos uma textura muito mais próxima de um bolo do que de um pão.

6. Modele uma bola com a massa, volte para a tigela e cubra com um pano (ou filme). Deixe descansar por 2 horas.

*Enquanto a massa cresce, minha sugestão para esse momento de espera: uma bela explorada no livro **Queijos do Brasil e do mundo**, de José Osvaldo Albano do Amarante, para descobrir mais sobre os sabores e as características dos queijos, e quem sabe até sobre como usá-los em receitas.*

7. Vamos assar os pães em dois ramequins pequenos de 12 cm de diâmetro levemente untados com azeite. Se você tiver fôrmas de papel para panetone, daquelas menores, melhor ainda.

8. Despeje a massa já crescida sobre uma bancada polvilhada com farinha de trigo. Polvilhe também a massa com um pouco de farinha e,

com as mãos, aperte delicadamente para aplainar. Com uma faca (ou espátula), divida a massa em 2 porções iguais. Modele uma bola com cada uma e acomode cada porção de massa dentro de um ramequim (ou fôrma de papel, dessas de panetone, para 500 g). Cubra com um pano e deixe descansar por meia hora. Se preferir um pão maior, não divida a massa e utilize uma fôrma com diâmetro entre 15 e 20 cm; ela também pode ser assada numa fôrma de papel própria para panetone — nesse caso, a maior, de 1 kg.

9. Preaqueça o forno a 200 °C (temperatura média) durante esse descanso de meia hora.

10. Coloque os ramequins (ou fôrmas) sobre uma assadeira plana e leve para assar por no mínimo 25 minutos, ou até 30, para que os pães fiquem bem dourados. Se tiver optado pela fôrma maior, deixe assar por cerca de 40 minutos ou um pouco mais.

11. Retire do forno e deixe esfriar alguns minutos na assadeira. Com cuidado, usando luvas protetoras, deite os ramequins delicadamente, para que os pães deslizem para fora das fôrmas ainda mornos. Não puxe com força exagerada, para não arrancar o topo das pizzas. Deixe esfriar completamente sobre uma grelha antes de servir.

Focaccia

rendimento

1 FOCACCIA DE CERCA DE 600 G

tempo estimado de preparo

ENTRE 2H15 E 2H30

organização do tempo

MISTURA E SOVA

10 MINUTOS

PRIMEIRA FERMENTAÇÃO

1 HORA LIVRE (NÃO É NECESSÁRIA NENHUMA INTERVENÇÃO)

PRÉ-MODELAGEM

20 MINUTOS DE DESCANSO

MODELAGEM FINAL E SEGUNDA FERMENTAÇÃO

20 MINUTOS

FORNO

25 A 30 MINUTOS

ingredientes

PARA A MASSA

- 400 G | 2½ XÍCARAS (CHÁ) + ⅓ DE XÍCARA (CHÁ) DE FARINHA DE TRIGO
- 280 ML | 1 XÍCARA (CHÁ) + 2 COLHERES (SOPA) DE ÁGUA
- 30 ML | 2 COLHERES (SOPA) DE AZEITE EXTRAVIRGEM
- 6 G | 1 COLHER (CHÁ) DE SAL
- 5 G | ½ COLHER (SOPA) DE FERMENTO BIOLÓGICO SECO INSTANTÂNEO
- AZEITE A GOSTO PARA UNTAR A TIGELA

Junto com a pizza, ou mesmo com o pita e outras variações do Oriente Médio, a focaccia é uma das receitas mais conhecidas da família dos pães achatados. Muito associada à Ligúria, a especialidade é encontrada em várias outras regiões da Itália e com muitas particularidades. A versão pugliese, por exemplo, tem batata em sua massa. Os toscanos, por sua vez, vão usar o termo schiacciata (e vão garantir que a deles é a correta). Já no Vêneto, cuidado: a focaccia é doce, quase aparentada do panetone. Sutilezas linguísticas e geográficas à parte, este pão macio e com sabor inconfundível de azeite é um sucesso em padarias, rotisserias e restaurantes italianos. Esta aqui, mais inspirada no estilo de Gênova, com sal grosso e alecrim, é relativamente rápida e pode ser finalizada de dois jeitos: mais alta e fofa, ou mais baixinha e crocante.

Para a massa

1. Numa tigela grande, misture a água com o fermento. Acrescente a farinha de uma só vez (guarde um pouquinho para polvilhar na hora de trabalhar a massa) e misture bem com uma espátula. Junte o sal e faça uma primeira sova, mais leve, com a espátula, dentro da própria tigela, para que os ingredientes se agreguem bem.

2. Em seguida, comece a adicionar o azeite, misturando bem com a espátula para incorporar, até que desapareça o excesso de óleo.

3. Ainda na tigela, comece a sovar a massa, beliscando, puxando a ponta, apertando no centro com o punho fechado — ela é macia e leve, porém grudenta. Para facilitar, você pode usar aquele pouco de farinha que guardou da quantidade total. Ou ainda usar a espátula. Manipule por 5 a 10 minutos. Tire da tigela para untá-la com azeite, modele a massa numa bola e devolva para a tigela. Cubra com um pano de prato (ou filme) e deixe descansar por 1 hora num lugar livre de calor e vento.

Para a cobertura

PARA A COBERTURA

- 30 ML | 2 COLHERES (SOPA) DE AZEITE EXTRAVIRGEM
- FOLHAS DE ALECRIM A GOSTO
- SAL GROSSO OU FLOR DE SAL A GOSTO
- AZEITE A GOSTO PARA UNTAR A ASSADEIRA E AS MÃOS

1. Unte com azeite uma assadeira redonda, como aquelas usadas para torta, de preferência antiaderente, com 24 cm de diâmetro — pode ser um pouco maior ou menor. Delicadamente, transfira a massa já crescida para a assadeira — raspe bem a tigela com a espátula de silicone para aproveitar tudo.

2. Com as mãos levemente besuntadas de azeite, aplaine a massa, de modo que ela se espalhe por toda a assadeira e pegue seu formato. Cubra de novo e deixe crescer por 20 minutos.

Entre uma pausa e outra, matar o tempo ao som de Paolo Conte pode ser uma boa pedida. Não conhece? O veterano cantor e compositor mantém a alma da canção italiana, mas com influências do jazz e do blues. Minha sugestão é o álbum Un gelato al limon, cuja faixa-título pode até preparar o paladar para quando a focaccia estiver pronta.

3. Após 10 minutos do descanso, preaqueça o forno a 220 °C (temperatura alta) — o forno precisa ser preaquecido por 30 minutos, e a focaccia ainda vai passar por uma segunda fermentação de mais 20 minutos.

4. Passado o descanso, unte novamente as mãos com azeite e aperte a massa, afundando a ponta dos dedos por toda a superfície — esse é o gesto típico de finalizar a focaccia, para deixar marcas e produzir bolhas. Cuidado para não exagerar, para não tocar no fundo da assadeira. Qual será a sua focaccia? A clássica genovese? Distribua os ingredientes da cobertura de maneira uniforme sobre a massa — espalhe o sal grosso, as folhinhas de alecrim fresco e regue com o azeite. Cubra e deixe descansar por mais 20 minutos. Se quiser usar outras coberturas, esse é o momento de acrescentá-las: cebola, tomatinhos, lascas de queijo...

5. Após o último descanso, é hora de levar ao forno. Não precisa usar vapor. Comece a assar a 220 °C (forno alto) e, depois de 10 minutos, reduza para 200 °C (forno médio). Deixe assar por mais 15 a 20 minutos, ou até ficar bem dourada.

6. Retire do forno e deixe esfriar (ao menos um pouco) antes de desenformar e cortar.

Mais crocância

Prefere uma focaccia mais fina, mais crocante? Utilize uma assadeira retangular (no máximo, de 30 cm x 40 cm), de preferência antiaderente. Passe um pouco de azeite por toda a assadeira. Despeje a massa já crescida e, com as mãos também besuntadas de azeite, aplaine a massa, de modo que ela se espalhe por toda a assadeira e pegue seu formato. Cubra e deixe crescer por 30 minutos. Siga as mesmas orientações dos passos 4, 5 e 6. Esse formato pode render belos pedaços para um sanduíche, com seus queijos e embutidos preferidos.

Ciclos

O pão transforma nossa relação com o tempo. Uma massa que cresce, sob os nossos cuidados, olhares e expectativas, converte os minutos em aliados — não mais em inimigos. A gente quer mais é que o relógio corra, que a vida ande. Quer ver?

Você sempre torce para que o domingo dure, se alongue, perdure? Sente angústia quando escurece, a caminho de mais uma inevitável segunda-feira? Pois recomendo um paliativo para o sofrimento, sem receita médica, sem contraindicações: ao longo do dia, prepare uma massa, dê vida a um belo filão. E mal poderá se conter de entusiasmo pela chegada do momento de concluir a fornada. Fará a travessia das horas ter valido a pena. Um pão de domingo à noite melhora qualquer início de semana.

Ainda não se convenceu? Pois fique com mais esta: eu acho que o pão tem poder até para redefinir os ciclos da vida (os nossos, aqueles dos relógios biológicos, mentais, emocionais).

Há quem afira o mundo pelas métricas dos retornos de Saturno da astrologia, que se completam a cada 28 anos, aproximadamente. Ou dos setênios da antroposofia, que divide cada etapa da vida em sete anos.

Imagino que você também tenha seus números mágicos, seus marcadores internos...

Eu, quando moleque, contava Copas do Mundo. Vivia os jogos, ganhava, perdia, para logo depois me imaginar quatro anos à frente, mudado, crescido. Vou além: mesmo não sendo tão fanático por futebol, conto Copas ainda hoje.

Minha primeira Copa consciente, por assim dizer, foi a de 1978, na Argentina. Achei tudo meio chato, umas partidas emperradas, gols minguados, o Brasil voltando em terceiro, mas se proclamando campeão moral... Eu tinha 10 anos e supus que seria quase um homem quando chegasse a de 1982, na Espanha. Que chegou, enfim, mas a experiência revelou o oposto, e não deu para ser adulto, como imaginava o menino de quatro anos antes: a seleção de 1982 perdeu tragicamente, e chorei como bebê. Nunca mais esqueci aqueles jogos e, pior, nunca mais torci com tanto fervor por time nenhum. Em 1986, eu já estava na minha primeira faculdade, da qual desistiria depois (sair da competição nos pênaltis, a propósito, foi melancólico). Em 1990, então, em outra faculdade, não me empolguei, por achar o time sem graça — e por certo esnobismo intelectual. Não acompanhei direito.

Veio 1994, e percebi que ser campeão, naquele caso (pênaltis, de novo), era menos emocionante do que perder como em 1982. Em meados de 1998? Casei. Em 2002? Vi outro título, de outro jeito: já tinha uma filha, que acompanhou o jogo final ao meu lado, sem entender os gritos e os fogos na vizinhança. Tirei férias durante as Copas de 2006 e 2010, vi algumas coisas, perdi outras. Veio a de 2014, difícil de esquecer (ainda que tentemos). E, bem, a de 2018 a gente lembra.

Porém, de uns anos para cá, os ciclos que me interessam mais têm sido outros. São bem mais curtos do que uma Copa e mais longos do que um vídeo assistido no smartphone. E incluem, além do tempo, gramas e mililitros. Períodos de algumas horas, suficientes para fazer um pão. E, diferentemente do protagonista de um dos mais conhecidos poemas de T.S. Eliot, eu não "medi minha vida em colherinhas de café". Usei balança.

O tempo angustia você? A mim, em muitíssimas ocasiões. Quando, por exemplo, ele parece estar no nosso encalço, bisbilhotando por sobre nossos ombros nos raros momentos de ócio. Ou simplesmente fugindo, escapulindo, deixando suas digitais nos projetos com prazos que parecem impossíveis de cumprir, na procrastinação de tarefas diárias, no envelhecimento. Mas podem confiar: esperar por um filão que vai fermentando, descansando, ganhando forma, é um conforto. Por alguns momentos, chego até a concordar com a canção dos Rolling Stones: "Time is on my side".

Mignolata

rendimento

8 PÃEZINHOS RECHEADOS

tempo estimado de preparo

CERCA DE 3 HORAS

ingredientes

PARA A MASSA
- 400 G | 2½ XÍCARAS (CHÁ) + ⅓ DE XÍCARA (CHÁ) DE FARINHA DE TRIGO
- 250 ML | 1 XÍCARA (CHÁ) + 2 COLHERES (CHÁ) DE ÁGUA
- 8 G | ½ COLHER (SOPA) DE SAL
- 5 G | ½ COLHER (SOPA) DE FERMENTO BIOLÓGICO SECO INSTANTÂNEO
- 30 ML | 2 COLHERES (SOPA) DE AZEITE EXTRAVIRGEM

PARA O RECHEIO E A MODELAGEM
- 4 CEBOLAS
- 300 G | 2 XÍCARAS (CHÁ) DE LINGUIÇA TIPO CALABRESA CURADA, FATIADA FINA
- 150 G | 1 XÍCARA (CHÁ) DE AZEITONAS PRETAS
- 1 COLHER (SOPA) DE AZEITE EXTRAVIRGEM
- PIMENTA-DO-REINO MOÍDA NA HORA A GOSTO
- FARINHA DE TRIGO A GOSTO PARA POLVILHAR A BANCADA

Cuidado se for conversar a respeito desta especialidade com algum italiano do Sul. Pode haver conflito sobre o nome oficial (mignolata? mpriulata? ammiscata?); pode haver divergência sobre a grafia, caso exista um consenso mínimo sobre como chamá-la (mpignolata?); pode haver discordância sobre o acabamento final: o recheio fica aparente ou a superfície é bem fechada? Bom, aqui entre nós, vamos adotar o seguinte. Esta é uma versão da mignolata (mi-nho-la-ta), uma receita siciliana recheada com linguiça, azeitona e cebola. Que, de certa forma, pode ser um parente remoto — e em porção individual — do tortano napoletano, o famoso pão de linguiça produzido por muitas padarias e pizzarias. Meu palpite? É uma ótima preparação para as noites de sábado e domingo. E que se adapta bem a um esquema de linha de montagem: um abre os discos, outro recheia, um terceiro modela. Vai lá, bote a família para ajudar!

Para a massa

1. Numa tigela grande, misture a água com o fermento. Acrescente a farinha, misturando bem com a espátula para incorporar o líquido — se quiser, reserve ¼ de xícara (chá) da farinha para introduzir na hora da sova, aos poucos.

2. Junte o sal e misture novamente. Quando os ingredientes estiverem bem agregados, acrescente o azeite e mexa com a espátula até a massa ficar homogênea.

3. Comece a sovar com as mãos, apertando, dobrando e esticando a massa. Sove por no mínimo 10 minutos, para que a massa fique brilhante, lisinha e pouco pegajosa. É importante trabalhá-la bastante, para que fique bem macia (ela será aberta em discos).

4. Modele a massa numa bola bem apertadinha. Volte para a tigela, cubra com um pano (ou filme plástico) e deixe descansar por 1h30; ela crescerá bastante, ficará pelo menos ⅔ maior. Enquanto a massa descansa, comece a preparar o recheio.

organização do tempo

MISTURA E SOVA
10 MINUTOS

PRIMEIRA FERMENTAÇÃO
1H30 (ENQUANTO ESPERA, PREPARE O RECHEIO)

RECHEIO
20 A 30 MINUTOS

MODELAGEM
10 A 20 MINUTOS

SEGUNDA FERMENTAÇÃO
30 MINUTOS

FORNO
30 MINUTOS

Para o recheio e a modelagem

1. Descasque e corte as cebolas em meias-luas bem finas. Leve uma frigideira com o azeite ao fogo baixo. Quando aquecer, junte as cebolas e refogue até ficarem bem macias e translúcidas — isso leva uns 15 minutos. Transfira para uma tigela e deixe esfriar.

2. Corte a linguiça pela metade, no sentido do comprimento. Depois, em fatias finas. Se preferir usar uma linguiça fresca, que não seja curada, lembre-se de salteá-la antes, para que perca o líquido e fique um pouco mais seca. Isso evita que o recheio umedeça demais a massa.

3. Tire os caroços das azeitonas e corte-as em pedaços grandes. Misture as azeitonas com a linguiça e tempere com pimenta-do-reino a gosto.

4. Transfira a massa já crescida para uma bancada enfarinhada. Com as mãos, aperte levemente a massa para aplainar e distribuir o gás. Com uma faca afiada (ou espátula de padeiro), divida a massa em 8 pedaços iguais e modele uma bolinha com cada um. Se puder pesar os pedaços para que fiquem do mesmo tamanho, tanto melhor.

5. Polvilhe a bancada com mais um pouco de farinha e, com um rolo, abra cada porção de massa em discos finos de cerca de 20 cm de diâmetro.

6. Para rechear e modelar a mignolata: distribua os pedaços de linguiça e azeitona, para que fiquem bem espalhados ao redor da massa. Com

uma colher, espalhe uma camada de cebola refogada sobre o recheio. Enrole a massa sobre o recheio, como se fosse uma panqueca — inicie pelo lado mais próximo a você, até chegar ao outro extremo. O rolo deve ficar com cerca de 3 cm de espessura.

7. Feche a emenda da massa, apertando bem com a ponta dos dedos para selar. Una os dois extremos, quase como um caracol, deixando as pontas levemente direcionadas para cima — a emenda deve ficar para cima, não virada para a base da mignolata. Modele de maneira bem justa, para formar um pãozinho circular mais fechadinho. É importante selar bem a costura da massa: confira e aperte onde parecer mais aberto. Transfira para uma assadeira antiaderente (se preferir, utilize papel próprio para assar, tela de silicone ou polvilhe com a farinha).

8. Repita com os outros discos de massa, deixando espaço entre as mignolatas na assadeira — elas vão crescer mais um pouco. Cubra com um pano e deixe descansar por 30 minutos.

9. Enquanto isso, preaqueça o forno a 200 ºC (temperatura média).

10. Leve para assar por cerca de 30 minutos, ou até os pães ficarem bem dourados. Não precisa borrifar água. Retire do forno e aguarde de 10 a 15 minutos para comer: não apenas por causa da alta temperatura, mas para evitar que os líquidos do recheio escorram.

Pão de hot-dog

rendimento
6 PÃEZINHOS

tempo estimado de preparo
ENTRE 3 HORAS E 3H20

ingredientes
- 400 G | 2½ XÍCARAS (CHÁ) + ⅓ DE XÍCARA (CHÁ) DE FARINHA DE TRIGO
- 200 ML | ½ XÍCARA (CHÁ) + ⅓ DE XÍCARA (CHÁ) DE ÁGUA
- 4 G | 1 COLHER (CHÁ) DE FERMENTO BIOLÓGICO SECO INSTANTÂNEO
- 10 G | 2 COLHERES (CHÁ) DE AÇÚCAR
- 1 OVO (MAIS 1 GEMA EXTRA, PARA PINCELAR)
- 50 G | 3 COLHERES (SOPA) DE MANTEIGA AMOLECIDA
- 8 G | ½ COLHER (SOPA) DE SAL
- FARINHA DE TRIGO A GOSTO PARA POLVILHAR

Das quatro patas do cachorro-quente, duas estão na Alemanha e duas nos Estados Unidos. A salsicha tal qual conhecemos, por assim dizer, surgiu em Frankfurt, no século 15. O hábito de comê-la com pão também nasceu em terras germânicas. Já a consolidação do sanduíche é americana, assim como a invenção de seu pão característico, atribuída a um padeiro de Saint Louis (que, no entanto, era alemão), no início do século passado. Foi ele que propôs uma modelagem e um tamanho mais compatíveis com a salsicha (e, sim, as correlações entre a silhueta do cachorrinho dachshund e o nome hot-dog não são lenda: os alemães também foram os introdutores dessa raça canina na América). Com variações e adaptações, este pãozinho tem como característica uma massa não muito hidratada, tenra, enriquecida com gordura, ovo e açúcar, gerando uma textura interna bem macia — e que não tem nada a ver com exemplares industriais. Consiga uma salsicha de boa qualidade (no mundo ideal, ela seria como a produzida artesanalmente pelo chef Jefferson Rueda, especialista em carne de porco) e repare como ficará gostoso o seu sanduíche caseiro. P.S.: se você é da turma que prefere cachorro-quente com pão francês, não tem problema, a receita também está no livro.

1. Numa tigela grande, misture a água com o fermento e o açúcar. Numa tigela pequena, quebre o ovo e bata com um garfo, para misturar a clara com a gema. Junte o ovo batido aos ingredientes da tigela e misture bem.

2. Adicione a farinha aos poucos, misturando com uma colher (ou espátula). Junte o sal, gradualmente, e comece a colocar a manteiga amolecida, misturando bem a cada adição, para incorporar.

PÃES DE ATÉ 4 HORAS

organização do tempo

MISTURA E SOVA

10 MINUTOS

PRIMEIRA FERMENTAÇÃO

1H20 A 1H30

PORCIONAMENTO E MODELAGEM

10 A 15 MINUTOS

SEGUNDA FERMENTAÇÃO

1 HORA

FORNO

20 A 25 MINUTOS

3. Depois que estiver tudo bem mesclado, comece a trabalhar a massa com as mãos, dentro da própria tigela. Sove por 10 minutos, apertando, esticando. Trabalhe a massa até que fique homogênea, lisa e apenas um pouco pegajosa.

4. Ainda na tigela, faça uma bola, cubra com um pano (ou um saco plástico) e deixe descansar por 1h20 a 1h30. A massa deve quase dobrar de tamanho.

5. Depois de a massa ter crescido, despeje-a sobre uma superfície coberta com um pouco de farinha — só uma fina camada mesmo, e bem distribuída. Com as mãos, achate a massa, delicadamente, para formar um retângulo, por assim dizer — obviamente que num formato aproximado.

6. Divida a massa em 6 porções iguais (ou 8 porções, se quiser pães menores; se puder usar a balança, melhor ainda). Pegue cada pedaço e estique um pouco, puxando delicadamente pelas duas extremidades. Agora o aperte, com agilidade, mas também com delicadeza, formando um retângulo fino, do comprimento desejado para o pão de cachorro--quente (15 cm, mais ou menos). Se preferir, use um rolo para massa — não precisa apertar demais.

7. Agora vamos modelar os pães. Enrole a massa, a partir do lado mais comprido, como se estivesse fazendo um rocambole. Com a ponta dos dedos, aperte bem a emenda da massa para fechar — ela deve ficar para baixo. Ajeite com as mãos, dando o formato definitivo, com as extremidades mais arredondadas. Reparou na foto? Repita com cada pedaço.

8. Acomode os 6 rolinhos numa assadeira grande (antiaderente ou untada com manteiga), com a emenda para baixo, dando uns 3 cm de distância entre eles, que precisam de espaço para crescer. Cubra com um saco plástico, sem apertar, e deixe descansar por 1 hora.

9. Quando estiver na metade do tempo do descanso, preaqueça o forno a 200 ºC (temperatura média). Aproveite e bata a gema com um garfo, numa tigelinha à parte — vamos usar para deixar os pães bem dourados.

10. Acabou a hora de descanso? Então é o momento de assar. Pincele cada pãozinho com a gema e leve ao forno por cerca de 20 minutos, ou até ficar dourado. Tire do forno, deixe esfriar sobre uma grelha ou grade. Espere ficar pelo menos morno antes de comer.

Ketchup caseiro

rendimento

CERCA DE 500 G

tempo estimado de preparo

1H35

ingredientes

- 6 TOMATES MADUROS
- 1 TALO DE SALSÃO (SEM AS FOLHAS)
- ½ CEBOLA
- 2 DENTES DE ALHO
- ¼ DE XÍCARA (CHÁ) DE AÇÚCAR
- ⅓ DE XÍCARA (CHÁ) DE VINAGRE
DE VINHO TINTO
- 1½ COLHER (CHÁ) DE COENTRO EM PÓ
- 1 COLHER (CHÁ) DE GENGIBRE EM PÓ
- 1 COLHER (CHÁ) DE PÁPRICA DOCE
- 1 PITADA DE CRAVO-DA-ÍNDIA EM PÓ
- 2 COLHERES (CHÁ) DE SAL
- PIMENTA-DO-REINO MOÍDA
NA HORA A GOSTO

Dica: se preferir um ketchup mais picante, substitua a páprica doce pela versão picante.

O ketchup surgiu no Oriente, mas se consagrou, mesmo, no Ocidente — em especial, nos Estados Unidos. Foi lá que a receita acabou desenvolvendo os traços mais marcantes, como a doçura e a condimentação peculiar, levemente picante. Nos últimos anos, foram surgindo outras versões, com toques defumados, mais ardidos, com goiaba e outras variantes, muitas vezes em escala mais artesanal do que industrial. E esta receita vai mostrar que elaborá-lo domesticamente é mais do que possível: fica inclusive mais gostoso. Passe no mercado, compre os temperos, uns tomates madurinhos, e siga o passo a passo, tomando cuidado particularmente com o cozimento, em fogo baixinho, para não queimar. Não é demais? Produzir o pão de cachorro-quente e até o ketchup? E prepare-se porque na sequência vem um hambúrguer completo.

1. Para tirar a pele dos tomates: leve uma panela média com água ao fogo alto e separe uma tigela com água e cubos de gelo. Lave os tomates e faça um corte em x na base de cada um. Assim que a água ferver, mergulhe os tomates por cerca de 1 minuto, até a pele começar a se soltar. Com a escumadeira, transfira os tomates para a tigela com água e gelo — o choque térmico faz a casca se soltar mais facilmente. Puxe a pele dos tomates a partir do corte em x e descarte.

2. Corte os tomates ao meio, descarte as sementes e corte cada metade em pedaços médios. Não se preocupe em fazer cubos perfeitos; eles serão batidos depois. O importante é estarem uniformes para cozinhar por igual. Descasque e pique finos a cebola e o alho. Lave, seque e fatie o talo do salsão em pedaços de 1 cm.

3. Coloque os legumes picados numa panela média. Acrescente o açúcar, o vinagre, o gengibre, o coentro em pó, a páprica e o cravo. Tempere com pimenta-do-reino a gosto, misture e leve para cozinhar em fogo médio.

4. Assim que ferver, abaixe o fogo e deixe cozinhar por cerca de 35 minutos, mexendo de vez em quando, até os tomates ficarem bem macios e o volume reduzir à metade — a mistura ainda deve ficar com um pouco de caldo, pois o ketchup fica mais firme depois de esfriar.

5. Transfira o ketchup (ainda em pedaços) para uma tigela e deixe esfriar em temperatura ambiente por cerca de 30 minutos — se for batido quente, o molho pode ficar alaranjado. Caso prefira, leve à geladeira, mas sem tampar, para não criar vapor.

6. Assim que estiver frio, bata o ketchup com o mixer na própria tigela até ficar liso (ou processe no liquidificador). Transfira o ketchup para um pote de vidro esterilizado com fechamento hermético e mantenha na geladeira por até 3 semanas.

Pão de hambúrguer

rendimento
8 PÃEZINHOS

tempo estimado de preparo
CERCA DE 2H40

organização do tempo
MISTURA E SOVA
10 A 15 MINUTOS
PRIMEIRA FERMENTAÇÃO
1H15
MODELAGEM
25 MINUTOS
ACABAMENTO E SEGUNDA
FERMENTAÇÃO
25 MINUTOS
FORNO
20 A 25 MINUTOS

E, de repente, eis que nos vimos cercados por hamburguerias por todos os lados. Não deixo de me admirar com a força da onda que se alastrou nos últimos anos. Isso é ótimo, porque a oferta e a qualidade média aumentaram bastante. E porque, cada vez mais, as pessoas têm se animado a preparar hambúrguer em casa. Se for a receita de ponta a ponta, melhor ainda. Os segredos? Para a carne, capriche na escolha do corte, peça que seja moída na hora, não carregue em temperos, use chapa ou frigideira bem quentes (a Rita Lobo tem dicas ótimas). Para o pão, sugiro esta versão, descomplicada, com ótima textura, e um toquezinho de banha para deixar a massa macia e dar um elemento especial de sabor. A propósito, uma coisa que sempre me perguntam é se dá para fazer este pão com fermento natural. Sempre dá. Mas pensemos juntos: isso vale mais a pena se você quiser uma casca um pouco mais complexa, uma outra estrutura de miolo, fora que é preciso estar atento à acidez (a menos que ela seja desejada, claro)... Caso contrário, escolha a simplicidade.

PÃES DE ATÉ 4 HORAS

ingredientes

- 420 g | 3 XÍCARAS (CHÁ) DE FARINHA DE TRIGO
- 6 g | ½ COLHER (SOPA) DE AÇÚCAR
- 40 g | 3 COLHERES (SOPA) DE BANHA DE PORCO
- 8 g | ½ COLHER (SOPA) DE SAL
- 280 ml | 1 XÍCARA (CHÁ) + 3 COLHERES (SOPA) DE LEITE EM TEMPERATURA AMBIENTE
- 4 g | 1 COLHER (CHÁ) DE FERMENTO BIOLÓGICO SECO INSTANTÂNEO
- 1 OVO PARA PINCELAR
- GERGELIM BRANCO A GOSTO (OPCIONAL)
- FARINHA DE TRIGO A GOSTO PARA POLVILHAR A BANCADA

1. Numa tigela grande, misture o leite com o fermento e o açúcar. Adicione a farinha e misture bem com uma espátula. Acrescente o sal aos poucos, mexendo bem até a farinha absorver todo o líquido — não esqueça de raspar a própria tigela, não desperdice nada.

2. Quando estiver tudo bem agregado, adicione a banha aos poucos, misturando bem a cada adição para incorporar. Comece a sovar com as mãos na tigela (ou na bancada). Trabalhe a massa por 10 minutos, dobrando, esticando, até que ela fique bem lisinha e brilhante.

3. Enrole a massa numa bola e volte para a tigela. Cubra com filme plástico (ou pano) e deixe descansar por 1h15, até crescer e aumentar o volume em $2/3$ — se preferir, ponha a tigela dentro do forno apagado para crescer melhor.

4. Transfira a massa crescida para uma superfície levemente enfarinhada e, com as mãos, aperte-a delicadamente para aplainar. Com uma faca grande (ou espátula de padeiro), divida a massa em 8 porções iguais (se tiver balança, pese; seguindo a receita à risca, cada um dos 8 pedaços deverá ter cerca de 90 g).

5. Enrole cada porção numa bola bem apertadinha. Use a própria bancada como anteparo, para permitir que a bolinha fique bem lisa e modelada. Concluído? Agora, com um rolo, ou mesmo com as mãos, aperte a massa, formando círculos com cerca de 1 cm de espessura. Atenção: não é para abrir a massa, mas sim apertar levemente e formar um disco uniforme.

6. Acomode os discos numa assadeira grande antiaderente, deixando espaço entre eles para crescer (se preferir, utilize papel para assar ou polvilhe com farinha). Cubra com um filme (ou pano), sem apertar, e deixe crescer por 20 minutos.

7. Passado esse tempo, quebre o ovo numa tigela e bata com um garfo para misturar a clara com a gema. Pincele a superfície de cada pão com o ovo batido e, se quiser, polvilhe com gergelim. Quanto? Você escolhe, mas ½ colher (chá) por pãozinho, com grãos bem distribuídos, deve bastar. Cubra de novo com filme, sem apertar, e deixe descansar por mais 20 minutos.

8. Enquanto isso, preaqueça o forno a 200 ºC (temperatura média).

9. Remova o filme e leve ao forno para assar por 20 a 25 minutos, ou até ficarem bem dourados.

Hambúrguer caseiro

rendimento
4 HAMBÚRGUERES

tempo estimado de preparo
25 MINUTOS

ingredientes
- 720 G DE FRALDINHA MOÍDA
- 2 COLHERES (SOPA) DE ÁGUA GELADA
- 2 COLHERES (SOPA) DE AZEITE
- SAL E PIMENTA-DO-REINO MOÍDA NA HORA A GOSTO

E então? Como você se sente sabendo-se capaz de produzir um hambúrguer completo, do pão ao ketchup, passando, obviamente, pela carne? Não é de dar orgulho? Os pontos de atenção, aqui, são bem identificáveis. Primeiro, a qualidade da carne — e a parte escolhida para moer. Se você optar por um corte mais magro, como o patinho, por exemplo, vai deixar o hambúrguer um pouco mais seco. O que não acontece com a fraldinha, a escolhida para a receita. Depois, use uma boa frigideira, realmente antiaderente, já que a carne será virada a cada 1 minuto. Por fim, lembre-se da dica da Rita Lobo: água gelada, acrescentada à carne, ajuda o hambúrguer a formar uma crosta mais crocante.

1. Numa tigela, coloque a carne, a água, o azeite e misture rapidamente com as mãos. Não tempere com sal. Divida em 4 bolas (de 180 g cada) e achate, formando os hambúrgueres. Apoie sobre uma tábua e vá acertando as laterais, pressionando com as mãos — a ideia é formar uma paredinha reta para o hambúrguer ficar alto.

2. Com o polegar, faça uma marca bem no meio de cada hambúrguer — quando cozinha, a carne infla e, sem a marca, o hambúrguer pode ficar curvado. Se não for preparar os hambúrgueres na hora, leve para a geladeira. A carne deve estar bem fria quando for para a frigideira.

3. Leve uma frigideira grande e antiaderente ao fogo médio. Caso não tenha uma grande, use 2 frigideiras ou prepare em etapas, retirando os 2 primeiros hambúrgueres 2 minutos antes do tempo e transferindo para o forno preaquecido em temperatura média — assim eles terminam de cozinhar enquanto você prepara os outros 2.

4. Tempere generosamente com sal os 2 lados do hambúrguer. Se quiser, tempere também com pimenta-do-reino moída na hora.

5. Quando a frigideira estiver bem quente, regue com um fio de azeite e coloque quantos hambúrgueres couberem de uma só vez. Deixe dourar por 1 minuto e vire. Para um hambúrguer malpassado, doure por 4 minutos no total, virando de minuto em minuto. Para o hambúrguer ao ponto, são 6 minutos no total. Sirva a seguir.

CAPÍTULO 4

pães de
6 horas
ou mais

Leia até o fim, por favor

Você já vai entender o porquê do título.

Virou um clichê da vida contemporânea, e quase todo mundo já passou por isso, seja como autor da mensagem, seja como leitor. Você publica ou envia um texto, mas parece que ninguém lê direito.

Pode ser um post de rede social, um e-mail. Você relata algo que vai acontecer, informa com razoável objetividade a data e o horário, o endereço e outros detalhes práticos. Porém, alguns instantes depois da publicação, quais são as primeiras dúvidas: "Quando vai ser? Onde? Quanto?".

Significa que as pessoas não sabem mais ler ou, ao menos, não compreendem mais enunciados simples? Não necessariamente. Talvez elas apenas não consigam captar o conteúdo, de tão afoitas. A "apreensão linear" da linguagem escrita parece lenta, caudalosa. Tudo o que se busca é um símbolo de comunicação automático, instantâneo, como uma placa de trânsito: pare, não estacione, cuidado com a escola...

A isso podemos chamar de pressa, distração, imediatismo. Mas talvez seja apenas ansiedade. Aliás, você ainda está aqui ou desistiu de ir até o último parágrafo?

Bom, como você ainda não me abandonou, vou seguir no assunto. Esse atropelo e essa urgência não são exclusividade da leitura. E a escuta? Quantas vezes falamos sem paciência para aguardar a réplica do nosso interlocutor sem reter o que nos foi dito, incapazes de seguir aquilo que nos foi recomendado (inclusive no simples ato de preparar uma receita)? Quantas vezes reagimos automaticamente, sem conseguir interagir com aquilo que nos está sendo proposto?

Mencionei a escuta e me lembrei da visão. Agora, não riam, pois não estou brincando: já notaram como é importante ver com... os olhos? Sim, diretamente com eles. Eu ainda preciso observar as coisas sem câmeras, sem filtros, sem intermediários. Não consigo, por exemplo, chegar a um lugar fotografando imediatamente. Não consigo fotografar antes de sentir.

Quando estou frente a frente com um prato de comida, um pão, o que for, tenho que apreciá-lo com ao menos uma parte dos meus sentidos (visão e olfato, normalmente). Preciso que, primeiro, a experiência esteja comigo, seja minha. Porque desejo gravá-la em minha memória. E só depois captá-la com meu smartphone. E compartilhá-la.

A nova ordem das coisas parece ser: fotografar, publicar, prestar atenção, apreciar. Você é capaz de subverter essa sequência? Pergunto honestamente. E, enquanto refletimos a respeito, vamos fazer um combinado sobre este livro?

Leia as receitas de ponta a ponta: para conferir os ingredientes, ver se haverá alguma necessidade extra ou se um ou outro passo vai exigir prazos e descansos adequados para aquele dia. Preste atenção nas dicas, nos alertas, nos conselhos, sejam eles sobre gestos técnicos, temperaturas ou ingredientes. Esteja aberto para, ao menos naquele momento, fazer as coisas de um jeito diferente, com uma atenção que vá além do automatismo. Não serei eu a agradecer. Quem vai retribuir é o seu pão.

Pão tipo ciabatta

rendimento

2 PÃES

tempo estimado de preparo

EM TORNO DE 4 HORAS (MAIS 4 HORAS
ANTERIORES, PARA A POOLISH)

ingredientes

PARA A POOLISH

- 80 G | ½ xícara (chá) + 1 colher (sopa) DE FARINHA DE TRIGO
- 80 ML | ⅓ DE XÍCARA (CHÁ) DE ÁGUA
- 1 G | ¼ DE COLHER (CHÁ) DE FERMENTO BIOLÓGICO SECO INSTANTÂNEO

PARA A CIABATTA

- 400 G | 2½ XÍCARAS (CHÁ) + ⅓ DE XÍCARA (CHÁ) DE FARINHA DE TRIGO
- 320 ML | 1⅓ XÍCARA (CHÁ) DE ÁGUA
- 2 G | ½ COLHER (CHÁ) DE FERMENTO BIOLÓGICO SECO INSTANTÂNEO
- 8 G | ½ COLHER (SOPA) DE SAL
- A POOLISH TODA (161 G)
- AZEITE A GOSTO PARA UNTAR
- FARINHA DE TRIGO A GOSTO PARA POLVILHAR

Ciabatta não é só um filão achatado, genérico, cheio de farinha por cima. Trata-se de um pão com estilo. Conta-se que a receita remete aos chinelos dos monges franciscanos medievais, que produziam fornadas para alimentar os mais pobres. A ciabatta moderna, no entanto, foi fruto de uma inquietação: a busca de um pão legitimamente italiano, num momento em que o público andava interessado em pães "estrangeiros", como a baguete. Quem acertou a mão foi Arnaldo Cavallari, do moinho Adriesi, no Vêneto. Para alguns, sua receita teria vindo de um erro. Porém, há quem defenda que ela nasceu de experimentos com massas altamente pegajosas e minimamente manipuladas. A invenção, intencional ou não, continha mesmo ótimas sacadas. O formato adequado para sanduíches; a conexão com o lendário filão dos monges; o desenvolvimento do glúten usando bastante água (acima de 70% do peso em farinha), resultando num produto leve e lucrativo (seu ingrediente-chave, a água, era o mais barato). Isso foi em 1982, e, dali em diante, a ciabatta virou sucesso mundial. Essa versão, com poolish (massa pré-fermentada), usa a técnica das dobras. Uma farinha italiana forte nos dará um resultado ainda melhor.

Para a poolish

Numa tigela grande, misture a água com o fermento. Acrescente a farinha e misture com uma espátula apenas até não ter mais farinha solta. Cubra com um saco plástico e deixe descansar em temperatura ambiente por cerca de 4 horas, ou até ficar bastante aerada.

O que fazer nessas 4 horas? Já pensou em se programar para visitar aquela *boulangerie* à qual você nunca foi? Ou para conhecer padarias tradicionais da cidade? Em São Paulo, onde moro, aproveitaria para ir a duas casas centenárias, de origem italiana, no bairro do Bixiga: a Basilicata e a São Domingos. Valem o passeio e, quem sabe, você pode comprar antepastos para comer com a ciabatta.

Para a ciabatta

1. Na mesma tigela em que cresceu a poolish, junte a água, o fermento, a farinha e depois o sal. Misture tudo muito bem com uma espátula de silicone (tipo pão-duro).

2. Para sovar, continue utilizando a espátula, pois a massa é bem pegajosa (se quiser, pode usar as mãos, ou a batedeira com o gancho em velocidade baixa). Com a espátula, vire a massa de baixo para cima: dobre e aperte a massa sobre ela mesma, agregando muito bem os ingredientes. Faça essa manipulação por ao menos 5 minutos, até que ela comece a ficar lisa e com uma aparência homogênea.

180   CAPÍTULO 4

organização do tempo

PARA A POOLISH

4 HORAS LIVRES (NÃO É NECESSÁRIA NENHUMA INTERVENÇÃO)

MISTURA E SOVA

5 A 10 MINUTOS

PRIMEIRA FERMENTAÇÃO

2 HORAS, COM 2 SESSÕES DE DOBRAS NA MASSA A CADA 30 MINUTOS (ENTÃO, FIQUE POR PERTO NA PRIMEIRA HORA)

MODELAGEM

5 MINUTOS

SEGUNDA FERMENTAÇÃO

1 HORA LIVRE (NÃO É NECESSÁRIA NENHUMA INTERVENÇÃO)

FORNO

35 MINUTOS

3. Transfira a massa para um recipiente bem grande, com tampa, untado com azeite. Feche-o e deixe a massa descansar por 2 horas, mas não saia de perto: teremos dobras em 2 momentos.

4. Depois de 30 minutos, com o pão-duro (ou com as mãos levemente untadas com azeite), faça 4 dobras na massa, de fora para dentro, pegando-a por baixo, dobrando sobre ela mesma e girando o recipiente até completar uma volta, naquele esquema "norte-sul-leste-oeste". Feche a vasilha.

5. Passados 30 minutos, faça mais 4 dobras. Tampe o recipiente de novo e agora aguarde 1 hora. A massa vai crescer, quase duplicando de tamanho em relação ao volume original.

6. Observe a massa após o descanso. Ela deve estar bem maior e brilhante, com textura sedosa. Então, polvilhe a bancada com farinha e despeje o conteúdo da vasilha. Deixe que ela se espalhe. Polvilhe a massa com mais farinha — bastante, pois faz parte do estilo do pão. Aplaine a massa suavemente, para que fique quase como um retângulo.

7. Com uma espátula de corte (ou faca bem afiada), divida a massa em 2 partes iguais, no sentido do comprimento. Modele a primeira metade, o que significa apenas ajeitá-la com a espátula, para dar aquele formato típico da ciabatta: longo, achatado, rusticamente cortado. Repita a operação com a outra metade.

8. Com cuidado, transfira os pães para uma assadeira grande antiaderente (se não for antiaderente, enfarinhe bem ou unte com azeite). Jogue uma camada de farinha a mais sobre eles, cubra-os com plástico (sem apertar), para não ressecar, e deixe descansar por mais 1 hora.

9. Quando faltar meia hora para terminar o tempo da segunda fermentação, preaqueça o forno a 240 ºC (temperatura alta).

10. Coloque a assadeira no forno e, com um borrifador, simule vapor: borrife bastante água, espalhando uma nuvem pelo interior do forno e deixando cair sobre o pão. Outra opção: aqueça uma assadeira vazia junto com o forno, na grade mais baixa. No momento de colocar o pão, despeje um copo de água na assadeira quente, para produzir uma "nuvem". Se quiser, use os 2 métodos ao mesmo tempo. E feche rapidamente a porta do forno.

11. Deixe assar por cerca de 30 minutos, ou um pouco mais, até que os pães ganhem um belo tom dourado. Retire do forno e transfira os pães para uma grade, para que esfriem. Enquanto isso, vá separando seus queijos e embutidos preferidos — ou o recheio que quiser. Sanduíche de ciabatta fresca fica ótimo.

Coca

rendimento

3 PÃES

tempo estimado de preparo

2H30 (MAIS PELO MENOS 3 HORAS
ANTERIORES, PARA A POOLISH)

ingredientes

PARA A POOLISH

- 50 G | ⅓ DE XÍCARA (CHÁ) DE
FARINHA DE TRIGO
- 50 ML | 3 COLHERES (SOPA) DE ÁGUA
- 1 G | ¼ DE COLHER (CHÁ)
DE FERMENTO BIOLÓGICO
SECO INSTANTÂNEO

PARA A MASSA FINAL

- 500 G | 3½ XÍCARAS (CHÁ)
- TODA A POOLISH (101 G)
- 300 ML | 1¼ XÍCARA (CHÁ) DE ÁGUA
- 4 G | 1 COLHER (CHÁ) DE FERMENTO
BIOLÓGICO SECO INSTANTÂNEO
- 15 ML | 1 COLHER (SOPA) DE AZEITE
EXTRAVIRGEM
- 10 G | 2 COLHERES (CHÁ) DE
MANTEIGA EM PONTO DE POMADA
- 10 G | 2 COLHERES (CHÁ) DE SAL
- FARINHA DE TRIGO A GOSTO PARA
POLVILHAR A BANCADA
- SAL GROSSO A GOSTO PARA
A COBERTURA
- PIMENTA-DO-REINO MOÍDA NA HORA
A GOSTO PARA A COBERTURA
- AZEITE EXTRAVIRGEM A GOSTO
PARA A COBERTURA

Um dos pães preferidos da Catalunha, a coca é uma daquelas receitas versáteis, capazes de fazer bela figura tanto no café da manhã como em refeições mais substanciosas. Funciona bem em fatias, inclusive como base do famoso "pão com tomate"; rende belas torradas; cortada ao meio, torna-se opção de sanduíche; com coberturas mais fartas (queijo, tomate, anchova, linguiça, toucinho, cebola etc.), converte-se numa quase pizza alla romana. A coca, entretanto, talvez se defina melhor num contexto de pães mediterrâneos, como uma aparentada da fougasse, *da* pissaladière provençale *e da focaccia ao estilo da Ligúria. A massa é leve e macia, o exterior tem uma casca fininha, e, para desenvolver um pouco mais de sabor, sugiro que esta preparação seja feita com massa pré-fermentada (uma poolish, preparada 3 a 4 horas antes). Para o acabamento, proponho algo bem básico: azeite, sal e pimenta-do-reino. Mas nada impede que, com o tempo, você comece a incrementar a receita e a usar outras coberturas.*

Para a poolish

Comece a poolish entre 3 e 4 horas antes de iniciar a receita. Numa tigela grande, misture o fermento com a água. Acrescente a farinha e misture bem com uma espátula, até que pareça bem incorporada e sem grumos secos. Cubra a tigela com um pano (ou filme) e deixe descansando por 3 horas. A poolish vai crescer e ficar com textura leve e porosa.

Para a massa final

1. Pegue a tigela com a poolish, já fermentada, acrescente a água e misture bem. Adicione o fermento biológico e misture novamente. Junte a farinha, aos poucos, mexendo com a espátula para incorporar. Guarde um pouquinho da farinha para a hora da sova. Adicione o sal.

2. Quando estiver tudo bem agregado, comece a sovar, de leve, por uns poucos minutos. Por fim, acrescente o azeite e a manteiga. Misture muito bem e, quando os ingredientes estiverem incorporados, volte a trabalhar a massa.

organização do tempo

POOLISH

3 A 4 HORAS (ANTES DE COMEÇAR A MASSA FINAL)

MISTURA E SOVA

10 A 15 MINUTOS

PRIMEIRA FERMENTAÇÃO

1 HORA LIVRE (NÃO É NECESSÁRIA NENHUMA INTERVENÇÃO)

PRÉ-MODELAGEM

20 MINUTOS

MODELAGEM E SEGUNDA FERMENTAÇÃO

20 MINUTOS

FORNO

25 A 30 MINUTOS

3. Manipule bem a massa, esticando, apertando, dobrando, por no mínimo 10 minutos. Vá usando a farinha que guardou, em pitadas, para facilitar. Forme uma bola, acomode na tigela e cubra com um pano. Ponha num lugar sem vento ou calor, para que cresça por 1 hora — ela vai quase dobrar de tamanho.

4. Transfira a massa já crescida para uma superfície levemente enfarinhada. Com as mãos, aplaine a massa para o gás sair e já vá modelando um retângulo de mais ou menos 25 cm × 35 cm (estou dando só uma referência).

5. Com uma faca (ou espátula de padeiro), corte a massa em 3 porções iguais, no sentido do comprimento — faça cortes secos, cortando e afastando a massa ao mesmo tempo. Teremos, assim, 3 pedaços de, mais ou menos, 25 cm × 10 cm ou 12 cm. Observação: dependendo do tamanho da sua assadeira, porcione em 4 pedaços e asse 2 deles numa assadeira, 2 em outra.

6. Transfira as tiras de massa para uma assadeira plana, antiaderente (se preferir, utilize uma tela de silicone ou unte o fundo com um pouco de azeite). Coloque-as lado a lado, dando distância entre elas, cubra com um pano e deixe crescer por 20 minutos.

7. Passado o tempo da fermentação, preaqueça o forno a 220 °C (temperatura alta).

8. Afunde a ponta dos dedos sobre a massa já crescida, naquele gesto característico para preparar focaccia — não se assuste, o formato da massa é assim mesmo, achatado. Queremos que a superfície fique levemente marcada, com "buracos e morros".

9. Cubra cada tira de massa com um fio de azeite e espalhe com um pincel (ou com os dedos, bem delicadamente). Salpique pimenta-do-reino moída na hora e sal grosso a gosto, para dar textura. Cubra com um saco plástico, sem fazer pressão sobre a massa. Aguarde mais 20 minutos.

10. Leve ao forno para assar, sem usar vapor, por cerca de 25 minutos — ou um pouquinho mais, até que fiquem dourados. Retire do forno, transfira os pães para uma grade e deixe esfriar antes de servir.

Pizza feita em casa

Pizza caseira, quando interpretada de forma errada, pode ser um convite à frustração. Simplesmente porque, em condições domésticas, ela deve ser pensada e executada de um outro jeito. Sem as ilusões de cocção em, no máximo, 2 minutos ou de bordas altas e chamuscadas. Os limites da cozinha de casa, diferentemente do pão, contam bastante no caso da pizza. O que não significa que o produto final não possa ficar delicioso, em outro estilo.

Para tanto, basta ajustar as expectativas ao potencial real dos seus recursos. Pizza de casa, num forno comum, deve ter uma receita adequada; precisa assar em etapas, para que resulte num conjunto harmônico e saboroso de massa, molho, cobertura.

Tenho na memória pizzas que minha mãe e minha avó faziam no fim de semana, geralmente em assadeiras retangulares, quase à maneira da *pizza in teglia* dos italianos. Usavam massas de fermentação mais rápida, caprichavam no tomate, no orégano seco, na azeitona, e não economizavam no queijo tipo muçarela fatiado. Era gostoso e a gente comia com apetite. Mas eu pensava: por que não fica igual à da pizzaria (ou da padaria, onde muita gente comprava)? Por que a massa é mais mole, por que até o queijo parece ficar diferente, mais pesado?

"Pizza de frigideira" também costumava divertir: funcionava melhor se o disco fosse fininho, já que a massa tostava por baixo e ficava mais crocante. Mas o que eu não sabia, moleque, de olho no fogão, é que as receitas de casa não eram profissionais. Também não me conformava com o fato de uma pizza assar tão mais rapidamente no forno a lenha (3 minutos, ou até entre 2 e 1, caso o estilo seja o napoletano, com temperaturas acima dos 400 °C).

A pizza casalinga (termo que os italianos usam para a comida caseira), portanto, precisa mesmo ter um quê de focaccia, como ensina meu amigo Raffaele Mostaccioli. Deve ir ao forno numa primeira etapa, para assar a massa, e depois, então, ser coberta com queijo, verduras, o que for. No forno da pizzaria, cocção, derretimento, "caramelização", tudo acontece numa leva só, porque existe calor para isso. Na nossa cozinha, seguiremos por partes, até que a alquimia se faça e todos os tempos se coadunem, produzindo a mágica de uma pizza 100% caseira.

Fica deliciosa. Basta que você não fique comparando nem imaginando que vai extrair do seu fogão uma marguerita fumegante, daquelas que ganham até certificado de autenticidade.

Nas receitas a seguir, contudo, vou mostrar algumas possibilidades. Entre elas, a receita da pizza napoletana — ela mesma! — para quem tiver fornos de alta temperatura, feita com fermento biológico, como em Nápoles. E uma interpretação mais caseira da mesma preparação.

Massa de pizza
ao estilo napoletano

rendimento

3 DISCOS (PIZZA INDIVIDUAL)

tempo estimado de preparo

7 A 11 HORAS

ingredientes

- 500 G | 3½ XÍCARAS (CHÁ) +
1 COLHER (SOPA) DE FARINHA DE TRIGO
- 325 ML | 1⅓ XÍCARA (CHÁ) DE ÁGUA
- 5 G | 1 COLHER (CHÁ) DE SAL
(A QUANTIDADE PODE AUMENTAR,
LEIA NA ABERTURA)
- 0,2 G DE FERMENTO BIOLÓGICO
SECO INSTANTÂNEO (SIM, É MESMO
MUITO POUCO; SABE A COLHER
MEDIDORA-PADRÃO DE ⅛ DE COLHER
DE CHÁ? É METADE DELA)
- SEMOLINA DE GRÃO DURO,
PARA POLVILHAR E TRABALHAR A
MASSA (OPCIONAL)
- FARINHA DE TRIGO PARA POLVILHAR
- AZEITE A GOSTO PARA UNTAR
OS RECIPIENTES

Pizza napoletana é a simplicidade pura. Poucos ingredientes, técnicas precisas, fermentação sem pressa. Pela letra da tradição de Nápoles, só leva farinha branca, água, sal e fermento biológico. O objetivo é produzir um disco leve, digestivo, com uma boa extração de sabor da farinha (forte, de preferência), e sem inventar muito com relação à cobertura: poucos e bons ingredientes, em quantidade equilibrada. A versão transcrita aqui foi aprendida in loco, na Itália, tentando manter os elementos essenciais da especialidade, mas em duas variantes: para quem tem forno de pizza e consegue temperaturas bem acima dos 400 ºC; e para quem quer se divertir em casa. A quantidade de fermento é mínima, para que a massa se desenvolva preguiçosamente. Optei por uma hidratação de 65%, mas, dependendo da farinha utilizada, ela pode variar entre 59% e 70%. Já sobre o sal, repare na quantidade prevista: só 1% em relação ao peso em farinha. E não apenas para não salgar demais a massa: é para que ele não iniba o fermento biológico, usado aqui com muita parcimônia. Assim, sendo o sal um controlador da fermentação, suba a quantidade usada (indo, no máximo, a 2%) nos dias mais quentes, para que a massa cresça de forma mais contida, com menos riscos de passar do ponto — já que o descanso, depois de feitas as bolinhas, é de pelo menos 6 horas. Um ponto realmente esclarecedor que aprendi na viagem é que, mais do que uma receita, a vera napoletana é um método. Nem todo mundo faz direito, mas um número crescente de pizzaiolos se encanta com sua leveza e frugalidade. Ela não precisa ser tratada como "a única", a correta. Mas, se for praticá-la, siga seus preceitos básicos, sua filosofia, para não usar seu nome em vão — e de modo meio maroto, como fazem muitas pizzarias. Pizza, quero crer, tal qual o pão, é diversa. Para nossa felicidade.

1. Numa tigela grande, misture a água com o fermento. Acrescente a farinha, o sal e comece a misturar com a espátula. Quando não houver mais farinha solta, inicie a sova. Ela pode ser feita na tigela ou na bancada. Serão de 10 a 15 minutos trabalhando bem a elasticidade da massa. Puxe uma ponta, aperte-a no centro, puxe outra, repita. Vamos dobrar, esticar e apertar, sempre girando a massa, sempre permitindo que, como um todo, ela tenha contato com o ar. Se quiser fazer parte da sova na batedeira, com o gancho, use a velocidade mais baixa.

CAPÍTULO 4

organização do tempo

MISTURA E SOVA

10 A 15 MINUTOS

PRIMEIRA FERMENTAÇÃO

1 A 2 HORAS, LIVRES

MODELAGEM

10 MINUTOS

SEGUNDA FERMENTAÇÃO

5 A 8 HORAS, EM TEMPERATURA
AMBIENTE (LIVRES NO INÍCIO, MAS
FIQUE DE OLHO NA MASSA DEPOIS DE
4 HORAS, PARA NÃO PASSAR DO PONTO)

**ABERTURA, MONTAGEM DA
PIZZA E FORNO**

ENTRE 5 E 30 MINUTOS
(DEPENDENDO DO TIPO DE FORNO)

Obs.: quando estiver chegando a hora de preparar as pizzas, aproveite para organizar seu arsenal e providenciar os demais ingredientes. Do que eu falo? De uma pedra para pizza (colocada para aquecer junto com o forno); de uma assadeira redonda; ou, se for o caso, do próprio forno para pizza, caso você tenha. Sem contar o molho de tomate, a muçarela, o manjericão e outras eventuais coberturas.

2. Quando a massa estiver bem homogênea, elástica, lisinha, faça uma bola e transfira para uma tigela levemente untada com azeite (pode ser a mesma da sova, desde que sem resíduos de farinha). Cubra com um pano levemente umedecido, tocando de leve na massa, e deixe descansar num local sem calor nem luz de 1 a 2 horas.

Enquanto aguarda durante o primeiro descanso da massa, que tal mergulhar no universo da pizza em toda a sua diversidade? Com 1 hora de duração, o primeiro episódio da série *Ugly Delicious* (Netflix), justamente sobre o assunto, mostra o chef americano David Chang explorando discos e coberturas ao redor do mundo, da tradição de Nápoles às variantes em outros países.

3. Passado o tempo, unte com azeite o interior de um recipiente retangular grande, com tampa, que tenha, digamos, uns 50 cm de comprimento (se preferir, utilize 3 recipientes menores também com tampa). Vamos agora porcionar nossa massa.

4. Com uma espátula do tipo pão-duro, vire a massa sobre uma bancada levemente enfarinhada. Deixe que ela se distribua pela bancada, ajeitando com delicadeza. Com uma faca grande (ou espátula de padeiro), divida a massa em 3 pedaços iguais — a receita rende 3 discos de pizza com cerca de 280 g cada um.

5. Modele cada pedaço de massa numa bola, bem redonda e bem esticada — boleie a massa girando-a sobre a mesa, de modo que a própria superfície ajude na modelagem. Transfira as bolas para o recipiente untado com azeite, com bastante distância entre uma e outra (ou coloque cada uma num recipiente separado, caso tenha preferido usar 3 recipientes). A propósito: você untou tudo com azeite, certo?

6. Procure o canto mais fresco da casa, o mais protegido do sol e do calor. Guarde as massas lá. Vamos esperar umas boas horas: 5 ou 6, pelo menos; ou até mais, caso esteja bem frio, quem sabe 8 horas. Nas primeiras 4 horas, não precisa ficar de olho. Mas, a partir daí, é recomendável estar por perto. Não queremos que a massa cresça demasiadamente, ficando cheia de bolhas externas, como se estivesse aerada demais por dentro. A intenção é que ela ganhe volume, dobre de tamanho, mas mantendo a estrutura. A massa deve maturar, relaxar, para facilitar inclusive sua abertura. A partir daqui, você terá três caminhos para finalizar sua pizza: fininha ou grossa como uma focaccia, no forno caseiro; ou com bordas, no forno de pizza.

CAPÍTULO 4

PÃES DE 6 HORAS OU MAIS

Molho de tomate

para pizza

rendimento
400 G

tempo estimado de preparo
15 MINUTOS

ingredientes
- 4 TOMATES BEM MADUROS
- SAL A GOSTO

1. Para tirar a pele dos tomates: leve uma panela média com água ao fogo alto e separe uma tigela com água e cubos de gelo. Lave os tomates e faça um corte em *x* na base de cada um. Assim que a água ferver, mergulhe os tomates por cerca de 1 minuto, até a pele começar a se soltar. Com a escumadeira, transfira os tomates para a tigela com água e gelo — o choque térmico faz a casca se soltar mais facilmente. Puxe a pele dos tomates a partir do corte em *x* e descarte. Se preferir, em vez de escaldar, tire a pele dos tomates com um descascador de legumes (ou uma faca bem afiada).

2. Corte cada tomate em 4 pedaços, transfira para o liquidificador e bata rapidamente no modo pulsar, até ficar na consistência de um molho rústico (se preferir, passe os tomates no ralador ou no passador de tomates).

3. Adicione 1 ou 2 pitadas de sal e reserve. Você pode também utilizar tomates italianos em lata, pelados, ao estilo "certificado" por Nápoles, esmagados manualmente ou triturados.

Pizza marguerita

rendimento

3 PIZZAS INDIVIDUAIS

tempo estimado de preparo

30 MINUTOS

ingredientes

- MASSA DE PIZZA (P. 188)
- MOLHO DE TOMATE (P. 192)
- 300 G | 6 MUÇARELAS DE BÚFALA
- FOLHAS DE MANJERICÃO A GOSTO
- AZEITE A GOSTO
- FARINHA DE TRIGO

(OU SEMOLINA DE GRÃO DURO)

A GOSTO PARA ABRIR A MASSA

1. Se você for usar o forno caseiro, preaqueça por no mínimo 30 minutos na temperatura mais alta possível (240, 260 ºC). Caso tenha uma assadeira de pedra refratária, dessas para pizza, pode esquentá-la junto.

2. Para modelar as bolas de massa já crescidas em discos, é preciso ser meticuloso e, ao mesmo tempo, ágil. Primeiro, coloque bastante farinha sobre a bancada de trabalho (se ela estiver perto do forno, melhor ainda). Passe uma espátula larga (ou colher de pedreiro) na farinha, pegue uma das bolas de massa por baixo, com cuidado, e transfira para a bancada enfarinhada.

3. Polvilhando a massa por baixo e por cima com farinha, abra a bola com um rolo até obter um disco bem fininho (de uns 2 ou 3 mm). Como a temperatura do forno de casa é menor, não conseguiremos assar o disco e a cobertura ao mesmo tempo. Nem conseguiremos um resultado tão bom abrindo a massa ao estilo napoletano, com bordas.

4. Com o forno já no ponto, pegue o disco de massa, regue com um pouco de azeite, bem distribuído (para evitar ressecamento), e cubra com uma camada generosa de molho de tomate. Usando uma pá enfarinhada, ou colocando o disco sobre um pedaço de papel próprio para assar, tome todos os cuidados e passe a massa para o forno, fazendo-a deslizar sobre a pedra (pode manter o papel, se achar mais seguro). Está com receio de passar a pizza diretamente para o forno? Tire a pedra, coloque-a sobre o fogão e, sem perder tempo, ajeite o disco com o papel sobre a pedra e retorne ao forno. Mais uma opção: abra a massa numa assadeira redonda até que fique com 0,5 cm de espessura, mais ou menos (unte-a com azeite, se não for antiaderente), espalhe o molho sobre ela e leve ao forno. Não usaremos o queijo agora, mas só depois de uma primeira cocção.

5. Deixe a pizza assar por mais ou menos 15 minutos, ou até começar a dourar. Com a pá, retire a pizza (ou a assadeira) do forno e coloque um pouco mais de molho. Com as mãos, parta duas muçarelas e distribua sobre o molho — uma boa pizza não precisa de queijo em excesso. Regue com um pouco mais de azeite e volte ao forno para assar, por 2 ou 3 minutos, até o queijo derreter.

6. Ao retirar a pizza do forno, adicione folhas de manjericão e sirva a seguir. A tendência da massa é ficar mais para crocante.

Tem forno de pizza?

1. Consegue uma temperatura de mais de 400 ºC ou perto disso? Então, vamos abrir a massa à moda de Nápoles. Se você já viu um pizzaiolo de estilo napoletano trabalhando, deve ter notado que ele não passa o rolo, mas usa uma série de gestos para esticar a massa e fazer com que ela ganhe maior superfície, tornando-se um disco largo, fino no meio, mas com bordas mais altas.

2. O que vou sugerir aqui é uma simplificação desses movimentos, que contêm uma série de passos mais complexos para expandir o disco. Coloque a bola de massa sobre a farinha (se tiver semolina de grão duro, funciona ainda melhor) e vire-a, para que a outra face também fique enfarinhada. Trabalhando sempre sobre uma boa camada de farinha, vá apalpando o disco com os dedos, como se fizesse uma massagem. Vá girando a massa, para manipulá-la de modo homogêneo, a fim de que se abra em um disco o mais redondo possível. A ideia é aplainá-la no centro e fazer com que o gás vá para as bordas — é isso que faz o chamado *corniccione*, mais alto e aerado. Não mais do que 35 cm de diâmetro, para usar o critério de Nápoles.

3. Cubra o disco aberto com uma concha de molho de tomate, colocado no meio e espalhado com movimentos circulares, mas sem chegar às bordas. Distribua alguns pedaços de muçarela de búfala e regue com um pouco de azeite. Usando uma pá de pizza enfarinhada, pegue o disco por baixo, com cuidado, e faça-o deslizar dentro do forno. À medida que a massa for crescendo e se consolidando, gire a pizza, com a pá, para que ela doure por igual. Se seu forno estiver mesmo com todo aquele calor, ela ficará pronta em até 120 segundos. Se a temperatura estiver mais baixa, levará um pouco mais. Ao retirar, finalize com folhas de manjericão.

Prefere massa grossa?

Um terceiro caminho, no forno caseiro, é preparar uma pizza mais grossa, quase uma focaccia. Numa assadeira untada com azeite, abra a massa para que ela fique redonda, mas com uma espessura uniforme, sem borda, e 1 cm de altura, por exemplo. Cubra com molho de tomate e regue com azeite. Asse por 15 a 20 minutos. Retire do forno, finalize com ingredientes de sua preferência — queijos ou embutidos, vegetais pré-grelhados ou em conserva — e asse por mais 2 ou 3 minutos.

2.

pães de 6 horas ou mais

O *máximo do mínimo*

Um amigo assistiu ao documentário *Minimalismo* (2016), na Netflix, e me enviou uma mensagem: "Identifiquei. Você é um minimalista". Achei a observação curiosa e passei a prestar mais atenção no tema. Quais seriam os critérios para incluir alguém nesse tipo de classificação? Que práticas, que crenças são necessárias? Consumo consciente? Capacidade de desprendimento? Ambições moderadas? Frugalidade?

Sempre apreciei certo tipo de produção musical capaz de guardar espaço para o silêncio. Admiro quem consegue conceber belos temas com, digamos, poucas notas (Erik Satie, por exemplo). Ou quem é hábil em criar imagens e cenários eloquentes a partir de traços essenciais (Saul Steinberg, entre outros). Não tenho muitas roupas e mantenho apenas alguns sapatos (sou preguiçoso e impaciente para esse tipo de compra). Isso faz de mim um seguidor do minimalismo existencial, digamos?

Mas, pensando bem, meu minimalismo de padeiro amador se reflete muito na defesa do quarteto farinha-fermento-água-sal, temperado pela paciência. Gosto de manter o trigo como base, com eventuais misturas. Uso gorduras e açúcares apenas quando fazem sentido na receita. Recheio pães valendo-me de certa parcimônia, buscando sempre o senso de equilíbrio.

Enfim, prefiro sempre a essência, o elementar.

E pergunto: você já fez a experiência de se observar de fora, como um espectador de si mesmo, e atestar aquilo que realmente deseja? Sei, parece meio doido e um tanto anticlimático, mas você já se flagrou em meio às suas fantasias e devaneios?

Eu faço isso. E nunca me peguei almejando palacetes, objetos em profusão, carros fora de série e outros bens de consumo luxuosos. Penso em espaços arejados, em dispor de mais tempo, em viagens, em comer bem. O que não faz de mim alguém superior ou inferior. Mas talvez me aproxime, de fato, do perfil minimalista citado pelo meu amigo.

Não imagino nada melhor para comer com um pão caprichado do que uma manteiga de boa qualidade (embora goste de muitas outras coisas). Não acho que uma receita de altíssima cozinha seja superior a um belo filão — são só diferentes. Se, dentro dos chamados luxos materiais, possivelmente a gastronomia é a mais acessível (Ferrari é para pouquíssimos; um belo jantar, não), eu diria que um excelente pão é a mais acessível das iguarias. É a prova de que se pode extrair o máximo do básico. O caminho, então, é o dos desejos acessíveis? Ou, então, o de não desejar? Não. Acho que tem mais a ver com não se apegar demais — nem àquilo que se possui, nem ao que ainda não se possui.

Quando engatamos aquela conversa intimista com nossas massas, com nossas receitas preferidas, e nos concentramos na tarefa de produzir um bom pão, acho realmente que, por alguns instantes, ficamos muito perto daquilo que se convencionou chamar de ser feliz (seja lá o que isso signifique para um ou para outro). Lidamos com práticas ancestrais, vemos tomar forma o produto do nosso trabalho, lidamos com emoções e expectativas, vivemos o prazer de comer algo são e saboroso. E dependemos do quê? Daqueles quatro ingredientes — e de algum tempo. Procure aí, na despensa, na agenda, na vida: esse arsenal trivial, a gente tem. É o mínimo.

Chocotone caseiro

rendimento

2 UNIDADES DE CERCA DE 500 G

tempo estimado de preparo

ENTRE 4H30 E 5H40 (MAIS 1 HORA
ANTERIOR, PARA A ESPONJA)

ingredientes

PARA A ESPONJA

- 150 ML | ½ XÍCARA (CHÁ) +
2 COLHERES (SOPA) DE ÁGUA
- 6 G | 1½ COLHER (CHÁ)
DE FERMENTO BIOLÓGICO
SECO INSTANTÂNEO
- 200 G | 1⅓ XÍCARA (CHÁ)
DE FARINHA DE TRIGO

Conversando aqui entre nós, é preciso que sejamos sempre sinceros. Pois bem: panetone caseiro dá mesmo um pouco de trabalho, é verdade. E pensamentos do tipo "por que preciso fazer isso se basta dar um pulo no mercado e comprar?" podem surgir em certos instantes. Mas posso garantir que prepará-lo será divertido e gratificante, além de muito gostoso; e você não vai precisar mais aguardar o fim do ano para matar a vontade, pode fazer a qualquer hora. Falei em panetone, mas esta é uma receita de chocotone (sempre mais popular na minha casa, talvez também na sua). Alguns pontos de atenção: trabalhar bem a massa, na batedeira, com paciência, até que ela desenvolva uma boa rede de glúten; usar uma farinha mais forte também vai ajudar no resultado; ter atenção na modelagem, especialmente porque a massa é grudenta. Sendo uma receita mais rica, mais substanciosa, usaremos uma esponja, para reforçar a fermentação e extrair mais sabor. E, claro, você pode escolher o chocolate de sua preferência, do ao leite ao mais amargo — neste caso, o meu preferido, pois cai muito bem com as cascas de cítricos da receita.

Para a esponja

Numa tigela grande, misture a água com o fermento. Acrescente a farinha e mexa com uma espátula do tipo pão-duro (ou com a mão), raspando bem a parede da tigela, até não haver farinha solta (não é para sovar). Cubra com um saco plástico e deixe descansar por 1 hora, até a mistura crescer e ficar aerada.

PARA A MASSA FINAL

- 300 G | 2¼ XÍCARAS (CHÁ) DE FARINHA DE TRIGO
- 50 ML | 3 COLHERES (SOPA) + 1 COLHER (CHÁ) DE ÁGUA
- 25 G | 3 COLHERES (SOPA) DE LEITE EM PÓ
- 4 GEMAS
- 80 G | ⅓ DE XÍCARA (CHÁ) + 1 COLHER (SOPA) DE MANTEIGA EM PONTO DE POMADA
- 80 G | ⅓ DE XÍCARA (CHÁ) + 1 COLHER (SOPA) DE AÇÚCAR
- 6 G | 1 COLHER (CHÁ) DE SAL
- RASPAS DE 1 LIMÃO-SICILIANO
- RASPAS DE 1 LARANJA GRANDE (TIPO BAÍA)
- 150 G | 1 XÍCARA (CHÁ) DE GOTAS DE CHOCOLATE (OU CHOCOLATE CORTADO EM CUBINHOS)
- 1 COLHER (SOPA) DE ESSÊNCIA DE BAUNILHA
- ÓLEO DE SABOR NEUTRO (MILHO OU GIRASSOL) A GOSTO PARA UNTAR AS MÃOS
- MANTEIGA A GOSTO PARA ASSAR
- DUAS FÔRMAS DESCARTÁVEIS PARA PANETONE DE 15 CM DE DIÂMETRO

organização do tempo

PARA A ESPONJA
1 HORA LIVRE

MISTURA E SOVA
20 A 25 MINUTOS

PRIMEIRA FERMENTAÇÃO
2 A 3 HORAS LIVRES (NÃO É NECESSÁRIA NENHUMA INTERVENÇÃO)

MODELAGEM
5 MINUTOS

SEGUNDA FERMENTAÇÃO
1H30 LIVRES (NÃO É NECESSÁRIA NENHUMA INTERVENÇÃO)

FORNO
35 A 40 MINUTOS

Para a massa final

1. Assim que a esponja estiver pronta, comece o preparo da massa final. Numa tigela pequena, quebre um ovo de cada vez, separando a clara da gema. Transfira as gemas para outra tigela e reserve as claras na geladeira para outra receita. Bata as gemas levemente com um garfo e misture a água.

2. Acrescente a mistura de gemas e água à tigela onde está a esponja. Adicione a farinha, mas não toda — reserve cerca de ¼ de xícara (chá) para a hora da sova. Junte o leite em pó e o sal e mexa bem com uma espátula ou com as mãos, para que os líquidos sejam absorvidos — a massa parece seca e dura, mas logo perderá esse aspecto.

3. Paralelamente, em outra tigela pequena, misture o açúcar com a essência de baunilha, para aromatizá-lo. Adicione a manteiga e misture bem com uma espátula.

4. Junte a manteiga com açúcar aromatizado à massa, em três etapas, sempre misturando com a espátula (ou com as mãos) para incorporar. À medida que for apertando e esticando a massa, aproveite para incorporar a manteiga. A massa ficará pegajosa, como se não desse liga.

5. Transfira a massa para a batedeira. Usando o batedor de gancho, vamos trabalhar a massa por cerca de 15 minutos na velocidade 2 (ou a imediatamente acima da mais lenta). Durante a sova, com a batedeira ligada, junte aos poucos a farinha reservada à massa. E, a cada 5 minutos, desligue a batedeira e vire a massa com a espátula, para que outras partes também sejam trabalhadas. Você verá que a massa vai descolar das laterais da tigela e começar a pegar ponto. Pare de bater quando a massa estiver mais lisa e mais firme. É isso que queremos.

6. Enquanto a massa é sovada, aproveite para misturar os demais ingredientes que serão incorporados depois: as raspas da casca de 1 limão-siciliano e de 1 laranja e as gotas de chocolate (se for usar chocolate em barra, corte em cubos de menos de 1 cm). Reserve os ingredientes numa tigela grande.

7. Concluída a sova na batedeira, transfira a massa para a tigela em que estão as raspas de cítricos e o chocolate. Misture bem com a espátula (ou com as mãos), até que os ingredientes estejam bem distribuídos.

8. Com a espátula, ajeite a massa, alisando-a para que fique redonda (se preferir, use as mãos, besuntadas com um pouco de óleo, para modelar). Cubra com um saco plástico e reserve num local sem calor nem vento por 2 a 3 horas (a bola vai crescer, mas sem chegar a dobrar de tamanho).

9. Passe uma fina camada de óleo sobre a bancada de trabalho e despeje delicadamente a massa já crescida. Com uma faca grande (ou espátula de padeiro), divida a massa em 2 porções iguais. Siga untando as mãos com um pouco de óleo, pois a massa é grudenta. Modele uma bola com cada porção: posicione as mãos na lateral da massa, girando e tensionando contra a bancada ao mesmo tempo.

10. Coloque cada bola para descansar dentro de uma fôrma de papel própria para panetone com cerca de 15 cm de diâmetro (se preferir, utilize 2 tigelas de cerâmica, tipo ramequim, de tamanho semelhante, untadas com manteiga). Cubra com um saco plástico e deixe descansar por 1h30. Elas devem crescer, mas sem chegar até o topo da borda.

11. Preaqueça o forno a 200 °C (temperatura média) por 30 minutos — portanto, você vai ligar o fogo 1 hora depois de ter começado a segunda fermentação.

12. Quando faltarem 10 minutos para começar a assar, tire o saco plástico que cobre os chocotones, para que a massa forme uma fina película — isso facilitará o corte.

13. Completado o tempo de crescimento da massa, usando uma lâmina de padeiro (ou faca bem afiada), faça um corte em cruz, pequeno e superficial, sobre as 2 porções de massa. Coloque um pedacinho de manteiga sobre cada chocotone — ½ colher (chá), por exemplo.

14. Coloque as 2 fôrmas sobre uma assadeira e leve ao forno para assar por cerca de 40 minutos, ou até que os chocotones fiquem dourados. Se achar que estão ficando escuros antes da hora (já na metade do tempo, digamos), retire a assadeira do forno, cubra cada panetone com um pedaço de papel-alumínio (a parte brilhante voltada para dentro) e volte ao forno para terminar de assar.

15. Assim que os panetones saírem do forno, improvise um recurso usado pelos padeiros profissionais: vire-os de cabeça para baixo, para que a massa não perca volume à medida que esfria. Como? Espete 1 palito grande (de espetinho para churrasco) de cada lado, na parte de baixo dos chocotones, a cerca de 1 cm da base (melhor ainda se forem 2 palitos de cada lado, para ficar mais firme). Vire o panetone de ponta-cabeça e, usando as extremidades dos palitos como sustentáculo, apoie os chocotones em 2 cadeiras com as costas próximas (se preferir, utilize 2 panelas altas ou livros empilhados como apoio). Deixe os panetones de cabeça para baixo por meia hora, pelo menos, ou até que esfriem.

15.

Índice de receitas

B

Baguete "da resistência", 132
Barriga de porco assada, 84
Broa à portuguesa, 128

C

Chocotone caseiro, 200
Coca, 184
Conserva de berinjela, 68

E

Esfiha ao estilo de Baalbek, 100

F

Farofa de pão com ovos, 148
Focaccia, 158

G

Geleia de morango com cardamomo, 122
Gougères ou *choux au fromage*, 97

H

Hambúrguer caseiro, 175
Homus de beterraba, 117

K

Ketchup caseiro, 171

M

Massa de pizza ao estilo napoletano, 188
Mignolata, 164
Molho de tomate para pizza, 192

P

Pão de azeitonas, 150
Pão de hambúrguer, 172
Pão de hot-dog, 168
Pão de leite, 118
Pão de queijo, 94
Pão estilo oriental no vapor (bao), 80
Pão francês, 108
Pão integral, 144
Pão multigrãos sem glúten, 90
Pão nosso, 64
Pão para sanduíche, 124
Pão rápido (soda bread), 88
Pão sírio, 114
Pão sueco, 74
Pão tipo ciabatta, 180
Pãozinho multigrãos, 138
Pizza de Páscoa, 154
Pizza marguerita, 194

R

Rabanada, 112
Ricota caseira, 78

S

Sardela, 136

Por tipo e ocasião

PARA RECHEAR
Pão estilo oriental no vapor (bao), 80
Pão de hot-dog, 168
Pão de hambúrguer, 172
Pão nosso, 64
Pão para sanduíche, 124
Pão tipo ciabatta, 180

RECHEADOS
Pão de azeitonas, 150
Chocotone caseiro, 200
Esfiha ao estilo de Baalbek, 100
Mignolata, 164

MANTEIGA E BASTA
Baguete "da resistência", 132
Pãozinho multigrãos, 138
Pão francês, 108
Pão multigrãos sem glúten, 90
Pão rápido (soda bread), 88
Pão integral, 144

SESSÃO DA TARDE
Gougères ou *choux au fromage*, 97
Pão de leite, 118
Pão de queijo, 94
Broa à portuguesa, 128
Pizza de Páscoa, 154

CHATOS AMADOS
Coca, 184
Massa de pizza ao estilo napoletano, 188
Pizza marguerita, 194
Focaccia, 158
Pão sírio, 114
Pão sueco, 74

ACOMPANHAMENTOS E RECHEIOS
Barriga assada de porco, 84
Conserva de berinjela, 68
Geleia de morango com cardamomo, 122
Hambúrguer caseiro, 175
Homus de beterraba, 117
Ketchup caseiro, 171
Molho de tomate para pizza, 192
Ricota caseira, 78
Sardela, 136

REAPROVEITAMENTO
Farofa de pão com ovos, 148
Rabanada, 112

ÍNDICE DE RECEITAS

Índice remissivo

A

açafrão, 154
açúcar, 20; mascavo, 84
água, 18-19
"Air", episódio da série *Cooked* (Michael Pollan), 92
alcaparras, 68
alecrim, 150, 158
alho, 68, 84, 136, 171
alvéolos, 31, 54
amido, 16, 20, 22, 44, 52-55, 84, 88, 128
anchova, 136
autólise, 30-33, 40, 43, 45, 50, 54, 61, 132, 144, 150
aveia, 18, 56, 90, 138
azeite, 20, 64, 68, 78, 87, 92, 94, 100, 114, 117, 136, 150, 154, 158, 164,175, 180, 184, 188, 194
azeitona, 150, 164

B

bacon, 148
baguete, 43; "da resistência", 132-135
bamboo steamer, 80
banha de porco, 20, 94, 108, 174
banneton, 26, 27, 36, 37, 42, 54, 146, 153; *ver também* utensílios e eletrodomésticos
bao, 80-83
barriga assada de porco, 84-86
Basilicata, restaurante, 180
bâtard, 35, 36, 41, 54, 146
batata, 158
batedeira, 49, 90, 106, 180, 188, 200; *ver também* utensílios e eletrodomésticos
baunilha, essência de, 202; extrato de, 112

Beatles, The, 61; "Hey Jude", 116; *Revolver*, álbum, 110
Bergman, Ingmar, 76
berinjela, 68, 78
beterraba, 117
biga, 24, 44, 54, 55
boule, 36
broa, 7, 18, 54, 73, 108; à portuguesa, 128-131
butter milk, 88

C

Calvel, Raymond, 31
caramelização, 20, 187
cardamomo, 122
carne de cordeiro, 100
Cavallari, Arnaldo, 180
cebola, 13, 84, 102, 136, 148, 160, 164, 171, 184
cebolinha, 84
centeio, 18, 56, 76, 128, 138
Chang, David, 190
Chef's Table, série Netflix, 76
cheiro-verde, 148
chia, 18
chocolate, 200
chocotone, 20; caseiro, 200-203
Chorleywood, método, 24
ciabatta, 43, 180-183
cinzas, 17
coca, 184-186
coentro em pó, 171
combo cooker, 42
cominho, 74, 92
conserva de berinjela, 68-71
Cooked, série Netflix, 92
corniccione, 196
Correa, Marco Antônio (Rei da Broa), 73

coxão duro, 102
crescia di pasqua, 154
cronograma, 45
croûton, 126

D

dobras, 33-34, 40, 43, 45, 50, 51, 61, 64, 132, 144, 150, 180
"Drão" (Gilberto Gil), 150
dutch oven (forno holandês), 41
dúvidas frequentes, 48-53

E

erva-doce, sementes de, 76, 136
ervilhas, 148
escaldamento, 54; escaldar, 128, 192
esfiha, 7, 12; ao estilo de Baalbek, 100-103
esponja, 44, 45, 54, 200

F

farinha: *bleached*, 17; branqueamento, 17; de arroz, 27, 56, 91, 124; de aveia, 56, 91; de centeio, 18, 56, 128, 138; de mandioca, 148; de milho, 18, 54, 90, 128; de rosca, 126, 148; de trigo-sarraceno, 90; extensibilidade, 17; feita com trigo tenero, 14, 17; força da, 16, 55; francesa, 16; indicadores, 17; integral, 16, 56, 74, 87, 88, 138, 144; italiana, 17; Manitoba, 17; nacional, 16; premium, 16; reserva especial, 16; seleção especial, 16; tenacidade da massa, 17; tipo 1, 16; tipo 2, 16; truques para melhorar a, 17; *unbleached*, 17
farofa de pão com ovos, 148

fermentação, 14, 22-25, 40, 44, 49, 52, 54; geladeira para desacelerar a, 27, 37, 43, 53; primeira, 13, 30, 34, 45, 61; sal na, 19, 51, 188; segunda, 13, 30, 36-37, 45, 62
fermento, 20, 22-25, 51, 54, 56; biológico, 7, 9, 22-25, 43, 44; natural, 7, 18, 22-25; químico, 56, 88
focaccia, 158-161, 196
forno, 28, 37-39, 40, 41; de pizza, 188; elétrico, 39, 52; holandês, 41, 42; *ver também* utensílios e eletrodomésticos
fougasse, 184
fraldinha, 175

G

Galinha ruiva (Hutchinson), 120
geladeira, 7, 9, 27, 37, 40, 43, 45, 53, 62
gelatinização, 41, 53-55, 128
gelato al limon, Un, álbum (Paolo Conte), 160
Gelb, David, 76
geleia de morango com cardamomo, 122
gengibre, 84; em pó, 171
gergelim: óleo de, 80; pasta de (tahine), 117; sementes de, 18, 76, 92, 138, 174

girassol: óleo de, 202; sementes de, 18, 92, 138

gliadina, 34, 55

glossário, 54

glúten, 14, 16-19, 24, 30-36, 40, 44, 48, 50, 51, 54, 55; pães sem, 12, 20, 90-92; baixo teor de, 128

glutenina, 34, 55

goma xantana, 18, 90, 124

gorduras, 20, 54

gougères ou *choux au fromage*, 97-99

grão-de-bico, 117

gua bao, 80-83

H

hambúrguer caseiro, 175

homus de beterraba, 117

"Hurricane" (Bob Dylan), 116

K

katsu sando, 124

ketchup caseiro, 171

knäckebröd, 74

kummel, 74, 92

L

laranja, 202; raspas de, 112

leite, 18, 54, 78, 88, 98, 112, 118, 154, 174; em pó, 202

leitelho, 88

levain, 7

Levain, escola, 143

levedura, 20, 22, 25, 34, 55

licor, 112

limão, 78, 117, 122; -siciliano, 202

linguiça, 13, 164

linhaça, 18, 138

Lobo, Rita, 7, 30, 172, 175

M

manjericão, 190, 194

manteiga, 16, 20, 56, 74, 88, 98, 112, 118, 124, 148, 168, 184, 202

mantou, 80

massa de pizza ao estilo napoletano, 188-191

massa pré-fermentada, 43, 55, 180, 184

maturação, 31, 36, 37, 40, 43, 53, 55

mel, 20

Memórias inventadas (Manoel de Barros), 66

miga, 124

mignolata, 13, 164-167

milho, 142; amido de, 84; farinha de, 18, 54, 90, 128; óleo de, 80, 202; sêmola de, 56, 130

Minimalismo, documentário

Netflix, 198
mise-en-place, 30
modelagem, 30, 35
molho de tomate, 190, 192, 194
Montand, Yves: "bicyclette, La", 134; "grands boulevards, Les", 134; "Sous le ciel de Paris", 134
morango, 122
Mostaccioli, Raffaele, 22, 187

N
Nilsson, Magnus, 76
"No bread" (Fela Kuti), 150
noz-moscada, 98

O
orégano, 68, 187
ovo, 20, 21, 54, 90, 96, 98, 112, 118, 148, 154, 168, 174, 200

P
pain perdu, 112
paleta de cordeiro, 102
"Panaderos flamencos" (Paco de Lucía), 150
panetone, 200; fôrma de papel para, 156, 202
pão: de azeitonas, 150-153; de hambúrguer, 172-174; de hot-dog, 168-170; de leite, 118-121; de queijo, 7, 54, 94-96; estilo oriental no vapor (bao), 80-83; francês, 43, 108-111, 112, 148; integral, 37, 44, 144-147, 148; multigrão sem glúten, 90-92; na panela, 38, 41, 42; nosso, 64-67; para sanduíche, 124-126; rápido (soda bread), 7, 88-89; sírio, 114-116; sueco, 13, 74-77; tipo ciabatta, 180-182

Pão Nosso (Luiz Américo Camargo), 22, 53
Pão Rústico (https://paorustico.com), 143
Pãozinho multigrãos, 138-141
páprica doce, 171
Pasteur, Louis, 22
pâte à choux, 97
patinho, 102, 175
pesagem, 26, 30
pestana, 28, 36, 37, 42, 52, 55
pimenta: calabresa, 68, 136; dedo-de-moça, 84; -do-reino, 98, 102, 154, 166, 171, 175, 184; síria, 102
pimentão, 68, 136
pinoli, 100,
pita, 87, 114, 158,
pizza, 184, 187, 188-197; casalinga, 187; de frigideira, 187; de Páscoa, 154-157; *in teglia*, 187; marguerita, 194; massa grossa de, 196; napoletana, 188-191, 196; pedra para, 28, 38, 42, 131, 194

Pollan, Michael, 24, 92
polvilho, 54, 56, 94
ponto de véu, 33
poolish, 24, 25, 43-45, 54, 55, 180, 184
pré-modelagem, 35, 43, 45, 108, 114, 118, 132, 138, 158, 172, 184
profiteroles, 97

Q

queijo: gruyère, 97; mineiro meia cura, 94; muçarela, 187, 190; muçarela de búfala, 194; parmesão, 154; pecorino, 154
Queijos do Brasil e do mundo (José Osvaldo Albano do Amarante), 156
quinoa, 18, 138

R

rabanada, 112
resfriamento, 28, 30, 39, 45
Ribeiro, Papoula, 18
ricota caseira, 78
Rueda, Jefferson, 168

S

Saccharomyces cerevisiae, 22, 25, 44, 55
sal, 19, 51; de Guérande, 19; do Himalaia, 19; grosso, 19, 21, 84, 158, 184; kosher, 19; Maldon, 19
salsão, 68, 171
salsinha, 148
Santoni, Mario, 154
São Domingos, padaria, 180
sardela, 124, 136
sardinha, 136
Satie, Eric, 198
semolina de grão duro, 188, 194
Serrano, Carla, 90
Shimura, Rogério, 16, 25, 143
shoyu, 84
soaker, 18
soda bread, 7, 88
sopa borscht, 117
sova, 31-33, 40, 45, 49, 61; ponto da, 48
Stamillo, Carol, 136
"Station to station" (David Bowie), 116
Steinberg, Saul, 198
Steingarten, Jeffrey: *Deve ter sido alguma coisa que eu comi*, 146; *pão que quase morreu, O*, 146; *pizza perfeita, A*, 146

T

tabela de equivalências, 56
tahine, 117
termômetro, 28, 38, 40, 52; *ver também* utensílios e eletrodomésticos
"Time is on my side" (Rolling Stones), 163

tomate, 102, 171, 192; extrato de, 136
tortano napoletano, 164
tramezzino, 124
trigo tenero, 14, 17
triple, 124
Triticum aestivum, 14

U
Ugly Delicious, série Netflix, 190
utensílios e eletrodomésticos, 26-29

V
vapor, 28, 37-41, 52, 53, 55; cocção a, 68, 80
vinagre: de arroz, 84; de vinho, 68, 171

X
Yarza, Ibán, 33

W
wok, 80

Agradecimentos

Tudo começa entre você e suas farinhas — misturas, modelagens —, num ato silencioso e solitário. Até que, então, o pão acontece, se anuncia, atrai e reúne quem estiver por perto. Pois pão fresco pede testemunhas oculares, olfativas, gustativas. E, se a fornada recém-tirada do forno fica melhor quando provada coletivamente, é preciso agradecer a quem nos ajuda a dar sentido a receitas, massas e filões. E a quem nos ajuda a evoluir a cada nova preparação.

A Rita Lobo, que sentiu de longe o cheiro destes pães e mostrou qual seria o seu melhor formato. A Ilan Kow, camarada de velhas e novas produções.

À equipe do Panelinha, que cuidou com carinho e competência deste projeto, desde as primeiras escolhas, desde a pesagem dos ingredientes: Victoria Bessell, Carolina Stamillo, Gabriela Funatsu, Larissa Tortola, Patricia Oyama, Priscila Mendes, Amanda Fiorentino, todas, enfim, que madrugaram e se esmeraram com a disposição dos mais abnegados e talentosos padeiros. Do planejamento aos testes, passando pela sugestão de receitas, da edição de texto à produção, às fotos... Todo mundo apertou a massa, até que ela virasse pão.

À Editora Senac, que leva esta publicação a todo o Brasil.

Aos grandes padeiros e professores Raffaele Mostaccioli e Rogério Shimura, que me dão o privilégio da sua amizade e de desfrutar do seu conhecimento. Aos amigos do evento Pão com Pão, que elevam o nível da panificação no país.

À minha mãe, Ruth, e a minhas irmãs e sobrinhos. A João Batista Camargo, meu pai, *in memoriam*.

A Renata, minha mulher, e Clara, minha filha, que tanta paciência têm com a minha mania de farinhas para cá, fermentos para lá...

· ·

PRODUÇÃO DE OBJETOS As fotos deste livro foram produzidas com itens do acervo de Rita Lobo, louças do Acervo Panelinha e peças emprestadas pelas seguintes lojas e marcas: Banneton Brasil, Camicado, Casa Libre, Cerâmicas da Cris, Copa&Cia, Heloisa Galvão, Le Creuset, Le Lis Casa, Mameg, Nelise Ometo, Roberto Simões Casa, SouQ, Utilplast, Vista Alegre e Zanatta Casa.

· ·

Sobre o autor

Luiz Américo Camargo nasceu em São Paulo e é comentarista, palestrante e consultor gastronômico. Pesquisa a panificação caseira desde a década de 1990 e é autor do livro *Pão Nosso* (Panelinha; Senac), com técnicas, receitas e crônicas sobre pães de fermentação natural e preparações artesanais. Dá palestras e aulas sobre pães caseiros. É o criador do evento Pão com Pão.

Produtor de conteúdo especializado em comida, é curador do evento Taste of São Paulo e colunista do *Zero Hora*. É também autor da coletânea *Eu só queria jantar* (editora CLA). Foi um dos fundadores do Paladar, marca de gastronomia do Grupo Estado. Crítico de restaurantes do *Jornal da Tarde* e do *Estadão* entre 2004 e 2015, é um dos idealizadores de eventos como Paladar — Cozinha do Brasil, Prêmio Paladar e Paladar Alta Performance.

INSTAGRAM
luizamericofcamargo
FACEBOOK
paonosso.info
TWITTER
paonosso_sac

Copyright © by Luiz Américo Camargo, 2019
Grafia atualizada segundo o Acordo Ortográfico da Língua Portuguesa de 1990, que entrou em vigor no Brasil

EDITORA PANELINHA

PUBLISHER
Rita Lobo

DIRETOR
Ilan Kow

COORDENAÇÃO EDITORIAL
Victoria Bessell de Jorge

PROJETO GRÁFICO E DIAGRAMAÇÃO
Estúdio Claraboia

EDIÇÃO DE TEXTO
Patricia Oyama

PREPARAÇÃO DE TEXTO
Carlos A. Inada

REVISÃO
Carla Fortino
Isabel Jorge Cury

ÍNDICE REMISSIVO
Maria Claudia Carvalho Mattos

CHEF DE COZINHA
Carolina Stamillo

CULINARISTAS
Gabriela Funatsu
Ana Paula Almagro
Larissa Tortola
Stephanie Mantovani

**COORDENAÇÃO DE ARTE
E FOODSTYLING**
Priscila Mendes

PRODUÇÃO DE ARTE
Amanda Fiorentino

ASSISTENTE DE ARTE
Mariana Candido

FOTOS
Guillermo White

TRATAMENTO DE IMAGEM
Gilberto Oliveira Jr.

EQUIPE ONLINE
Heloisa Lupinacci
Natália Mazzoni
Camilla Demario

ASSISTENTES ADMINISTRATIVOS
Elaine Ferreira de Almeida
Luana Cafarro Sutto

AUXILIAR DE LIMPEZA
Cláudia Aparecida Soares dos Santos

———

Todos os direitos reservados
à EDITORA PANELINHA
Al. Lorena, 1304, cj. 1307
CEP 01424-000 | São Paulo – SP

ADMINISTRAÇÃO REGIONAL DO SENAC NO ESTADO DE SÃO PAULO

**PRESIDENTE DO
CONSELHO REGIONAL**
Abram Szajman

**DIRETOR DO
DEPARTAMENTO REGIONAL**
Luiz Francisco de A. Salgado

**SUPERINTENDENTE UNIVERSITÁRIO
E DE DESENVOLVIMENTO**
Luiz Carlos Dourado

**EDITORA SENAC SÃO PAULO
CONSELHO EDITORIAL**
Luiz Francisco de A. Salgado
Luiz Carlos Dourado
Darcio Sayad Maia
Lucila Mara Sbrana Sciotti
Jeane Passos de Souza

GERENTE | PUBLISHER
Jeane Passos de Souza (jpassos@sp.senac.br)

COORDENAÇÃO EDITORIAL | PROSPECÇÃO
Luís Américo Tousi Botelho
(luis.tbotelho@sp.senac.br)
Márcia Cavalheiro Rodrigues de Almeida
(mcavalhe@sp.senac.br)

ADMINISTRATIVO
João Almeida Santos
(joao.santos@sp.senac.br)

COMERCIAL
Marcos Telmo da Costa
(mtcosta@sp.senac.br)

IMPRESSÃO E ACABAMENTO
Coan Indústria Gráfica Ltda.

Proibida a reprodução sem autorização expressa
Todos os direitos desta edição licenciados à
EDITORA SENAC SÃO PAULO

Rua 24 de Maio, 208 – 3º andar – Centro
CEP 01041-000 – São Paulo – SP
CEP 01032-970 – Caixa Postal 1120
Tel. + 55 11 2187-4450
Fax + 55 11 2187-4486
www.editorasenacsp.com.br
editora@sp.senac.br